학교도서관 리모델링

학교도서관 리모델링

1판 1쇄 인쇄 2020년 10월 8일
1판 2쇄 발행 2024년 1월 15일

지은이	박영혜 양소라 이영주 김진영 오송희 고동욱 최은규 강유진 임다희 강봉숙 이현애 황혜란
펴낸이	한기호
책임편집	오선이
편집	여문주, 박혜리
디자인	양선애
본부장	연용호
마케팅	하미영
경영지원	김윤아
인쇄	예림인쇄
펴낸곳	(주)학교도서관저널
출판등록	제2009-000231호(2009년 10월 15일)
주소	서울시 마포구 동교로 12안길 14 3층
전화	02-322-9677
팩스	02-6918-0818
전자우편	slj9677@gmail.com
홈페이지	www.slj.co.kr

ISBN 978-89-6915-084-4 03370

책값은 뒤표지에 있습니다.

이 도서의 국립중앙도서관 출판예정도서목록(CIP)은 서지정보유통지원시스템 홈페이지(http://seoji.nl.go.kr)와 국가자료종합목록 구축시스템(http://kolis-net.nl.go.kr)에서 이용하실 수 있습니다. (CIP제어번호: CIP2020041119)

예산 확보부터 설계, 시공, 재개관까지
초·중·고 학교도서관 리모델링 안내서

학교도서관 리모델링

박영혜 · 양소라 · 이영주 · 김진영 · 오송희 · 고동욱
최은규 · 강유진 · 임다희 · 강봉숙 · 이현애 · 황혜란

학교
도서관
저널

> 머리말

학교도서관은
어떤 공간이어야 할까?

학교도서관은 '「초중등 교육법」 제2조에 따른 고등학교 이하의 각급 학교에서 교사와 학생, 직원에게 도서관 서비스를 제공하는 것을 주된 목적으로 하는 도서관', '「도서관 및 독서진흥법」 고등학교 이하의 각급 학교(이에 준하는 각종 학교를 포함한다.)에서 교원과 학생의 교수, 학습 활동을 지원함을 주된 목적으로 하는 도서관', '「학교도서관 진흥법 제 2조 2항」 학교도서관이란 학교에서 학생과 교원의 교수, 학습 활동을 지원함을 주된 목적으로 하는 도서실이나 도서관을 말한다.'라고 규정하고 있다. 이렇게 법에 제시되어 있는 것처럼 학교도서관은 학생, 교원의 교수학습을 지원하는 시설을 말한다.

학교도서관의 목적

한국도서관협회에서 말하는 한국도서관기준은 다음과 같다. 첫째, 학교도서관은 교수, 학습에 필요한 다양한 정보자료, 기기, 시설을 갖추고 사서교사의 전문적인 봉사를 통하여 학생 중심의 열린 교육과 자기 주도적 학습을 실현한다. 둘째, 학교도서관은 학생에게 과제 해결에 필요한 정보 및 자료의 선택과 수집, 분석과 종합, 평가와 해석, 표현능력을 길러주어 평생학습의 기틀을 마련한다. 셋째, 학교도서관은 학생 개개인의 능력과 수준에 알맞은 다양한 정보와 매체를 활용할 수 있도록 지원함으로써 탐구학습과 창의력 개발에 기여한다. 넷째, 학교도서관은 교과 학습, 특별 학습, 학교 행사 등 교육활동과 연계한 독서교육을 실시하여 학생의 인성교육에 기여한다. 다섯째, 학교도서관은 학생들의 도서관 활동을 통하여 민주시민의 태도와 공공심을 길러준다. 여섯째 학교도서관은 교직원과 학생의 이용에 지장이 없는 범위 내에서 지역주민에게 시설과 자료를 개방함으로써 지역 문화 발전에 이바지한다.

「도서관 및 독서진흥법」에서는 학교교육에 필요한 도서관 자료의 수집, 정리, 보존 및 이용서비스 제공, 학교소장 교육 자료의 통합관리 및 이용 제공, 시청각자료 및 멀티미디어 자료의 개발, 제작 및 이용 제공, 정보관리시스템과 통신망을 이용한 정보공유체제의 구축 및 이용 제공, 도서관 이용의 지도 및 독서교육, 협동수업 등을 통한 정보 활용의 교육, 그 밖에 학교도서관으로서 해야 할 기능수행에 필요한 업무를 하는 곳이라고 말한다.

이처럼 각종 법과 규정에서 제시한 학교도서관의 공통된 목적은 교사, 학생의 교수학습 지원과 교육활동 실시, 그에 필요한 장서 구성이다. 도서관의 공간구성 역시 이러한 학교도서관의 목적에 맞게 설계되고 구성되어야 한다.

학교도서관의 기능에 따른 공간구성

학교도서관의 기능은 크게 교수학습지원센터, 독서교육센터, 레크레이션센터 세 가지로 나눌 수 있다. 학교도서관의 가장 큰 존재 이유는 교수학습지원이다. 교수학습을 지원하지 못하는 학교도서관은 공공도서관의 작은도서관일 뿐이다. 학생들의 학습활동과 교사들의 수업지원, 연구활동을 도와 학교교육활동에 도움을 줄 수 있어야 한다. 그렇게 되기 위해서는 먼저 교육과정을 기반으로 한 수서활동이 이루어져야 한다. 교육과정을 지원할 수 있는 책으로 도서실 장서가 구성되지 않으면 교수학습지원센터로서의 역할을 기대하기는 어렵다.

학교도서관은 여러 자료를 바탕으로 다양한 학습이 일어날 수 있는 공간구성이 되어야 한다. 개인별 학습, 모둠 학습 등이 가능하고 유연한 학습활동이 이루어질 수 있도록 공간을 구성해야 하고, 와이파이, 태블릿 pc 등을 사용하여 인터넷과 책을 동시에 활용한 수업이 가능하도록 해야 한다. 공간이 허락된다면 수업을 위한 별도의 공간을 만드는 것이 좋다. 수업공간에는 수업에 활용할 수 있는 각종 기기 이외에도 참고도서, 교과서 등을 비치해 두면 좋다.

초등학교에서는 교수학습지원기능과 함께 중요한 것이 바로 독서교육이다. 독서교육의 중심이 학교도서관이 되어야 한다. 다양한 분야, 다양한 관점의 책들을 수서하고 단순히 아이들에게 책을 대출 반납해 주는 것만이 아니라 아이들의 평생 독서습관을 길러줄 수 있는 다양한 독서프로그램과 독서수업이 운영되어야 한다.

독서프로그램 운영시에는 일회성 프로그램보다는 지속성 있는 프로그램, 교육활동과 연계한 프로그램을 기획해 운영해야 하며 모든 프로그램은 책과 연관시켜 기획하도록 한다. 그래야 아이들이 한 권의 책이라도 더 알게 되고 책과 친해질 수 있다.

또한 다양한 독서프로그램 운영이 가능하도록 지루하지 않은 독서환경구성이 중요하다. 단조로운 선들(예를 들면 소파를 일괄적으로 배치하거나 같은 소파를 두는 등)을 피하고 다양한 선을 두어 편안하면서도 지루하지 않은 독서환경을 만들어 주어야 한다. 개인 독서, 모둠독서, 학급별 독서 등이 가능한 공간을 구상하고 만들면 좋다. 단순히 책상과 의자를 배치한 전통적인 독서공간 이외에도 자유로운 자세로 책을 볼 수 있도록 공간을 구성한다.

학교도서관은 다양한 주제의 자료를 통해 학생들의 취미활동을 지원함으로써 개성 신장에 이바지하고, 여가시간에 도서관을 이용하도록 해 학생들의 교양을 높이고 건전한 방향으로 흥미를 이끌 수 있는 공간이어야 한다. 특히 초등학생들은 많이 놀아야 한다. 그러나 학교 안에서 놀 수 있는 공간은 운동장을 제외하고는 별로 없다. 그래서 학교도서관이 기쁘게 우리 아이들의 휴식의 장이 되어야 한다. 편하게 언제든 와서 즐겁게 있다 갈 수 있는 곳으로 말이다.

요즘은 도서관이 메이커스페이스 역할을 해야 한다. 단순히 태블릿pc나 3D 프린터 등을 비치해 두는 메이커스페이스가 아니다. 아이들의 사고력 증진과 창의성 향상을 돕는 다양한 활동들을 할 수 있는 공간, 혹은 무언가 만들 수 있는 공간, 보드게임을 하거나 놀 수 있는 공간 등을 제공하는 것만으로도 아이들의 레크레이션 활동을 도울 수 있다. 도서관에서 꼭 책을 읽어야 한다는 고정관념을 버리는 것이 중요하다.

- 서울 청계초 사서교사 박영혜

편집자의 말

책이 있는 휴식 공간,
학교도서관이 달라진다!

통계청의 장래인구추계에 따르면 전국의 초중고 학령인구가 점점 줄어들어 2015년부터 2045년까지 약 27.3%가 감소할 예정이라고 한다. 학령인구가 줄어들면 빈 교실 즉 유휴교실이 늘어나는 것은 당연할 것이다. 이로 인해 유휴교실 현황을 조사해 활용할 방법을 고민하는 시·도가 늘고 있다.

『학교도서관 리모델링』은 「학교도서관저널」에 2017~2020년까지 연재되었던 내용을 바탕으로 내용을 더 보충하고 새로운 도서관 리모델링 사례를 담은 것이다. 초등학교부터 중학교, 고등학교의 다양한 사례를 다루어, 사서교사(사서)라면 한 번은 맞닥뜨릴 도서관 리모델링에 대한 정보를 공유하고자 기획되었다. 각각의 사례는 갑작스럽게 처음 리모델링을 맡게 된 사례부터 여러 번 리모델링을 경험했지만 예산의 차이, 공간의 차이, 의사소통의 어려움으로 힘든 순간을 겪으면서도 좌절하지 않고 해결해 나가는 과정이 생생하게 담겨 있다.

예산 안에서 더 나은 환경을 만들어 주기 위해 솔선수범하여 지원사업 공모를 신청하고, 우수 사례를 탐방하기 위해 전국을 다니고, 서가 제작을 위해 목재를 공부한 분이 있는가 하면, 설계사와 부딪치고, 직접 설계도를 그려 가며 매일같이 공사 현장을 지키는 분도 있다. 이러한 경험담에는 도서관 공간의 변화로 달라지는 아이들의 모습을 가장 큰 즐거움으로 여긴 사서교사(사서)들의 열정과 진심이 담겨 있다.

『학교도서관 리모델링』은 도서관 공간 리모델링의 첫 단계인 지원 사업의 종류와 예산의 활용에 대해 알려주고, 설계사 선정과 설계도 수정, 공간구성의 노하우, 제작 가구와 조달청 가구 구매법, 목재 선택 요령, 도서관 이름 공모, 사인물 제작에 이르기까지 리모델링의 전 과정을 담고 있어서 리모델링으로 어려움을 겪을 때마다 상황에 맞는 부분을 찾아보면서 도움을 얻을 수 있다.

각 사례는 예산, 공간, 설계 등 차별점이 있는 것들을 다루어 최대한 다양한 모습을 보여줄 수 있도록 했다. 실제 공사 진행뿐 아니라 책을 청구기호 순으로 정리해 이전하고, 폐기 도서 분류와 장서량 검토 등 대체로 사서교사(사서)가 혼자 감당해야 하는 도서관 업무에 대해서도 알 수 있다. 그리고 미처 챙기지 못해 새로운 공간에서 환경호르몬에 노출되어 고통을 받은 사례도 있다. 또한 예산이 없을 때 도서관 분위기 전환을 할 수 있는 공간 꾸미기 팁도 부록에서 알려 준다.

이 책을 통해서 사서교사(사서)가 앞으로 맞닥뜨리게 될 학교도서관 리모델링을 조금은 수월하게 진행해 나가기를 바라고, 달라진 환경 속에서 아이들이 책과 더 자주 만나게 되기를 바란다.

- 학교도서관저널 단행본 편집부

차례

머리말 ___ 4
편집자의 말 ___ 8

초등학교

책과 아이들이 어우러지는 도서관 공간 ___ 15
서울 청계초 사서교사 박영혜

두 번의 리모델링으로 완성된 도서관 ___ 31
서울 금북초 사서교사 양소라

느닷없이 시작한 도서관 리모델링 ___ 47
서울 구산초 사서교사 이영주

꼼꼼한 사전 준비와 공간구성 노하우 ___ 57
고양 저동초 사서 김진영

아이들의 의견이 반영된 머물고 싶은 도서관 ___ 67
화성 비봉초 사서교사 오송희

학교 안으로 들어온 7개의 작은도서관 ___ 79
예산 보성초 사서교사 고동욱

중학교

아이들을 생각한 복층 구조 도서관 ____ 101
서울 항동중 사서 최은규

효율적인 서가 만들기와 환경호르몬 ____ 115
고양 도래울고 사서 강유진

텅 빈 도서관 공간을 채우는 인테리어 ____ 129
서울 항동중 사서 최은규

고등학교

복합문화공간으로 변신한 꿈너머꿈 도서관 ____ 143
춘천여고 국어교사 임다희

좁은 도서관 공간에 꼭 맞는 맞춤형 가구 ____ 171
대구 다사고 사서교사 강봉숙

학교도서관 감성화사업으로 달라진 공간 ____ 189
횡성여고 사서교사 이현애

미래를 품는 공간으로 변신한 학교도서관 ____ 209
창원명지여고 사서교사 황혜란

부록

예산 없이 공간을 바꾸는 마법 ____ 232
서울 홍제초 사서 김선영

자꾸자꾸 오고 싶은 도서관 만들기 ____ 243
김해 우암초 사서 김차영

도서관 분위기를 바꾸는 5분 사인물 ____ 249
서울 당곡고 사서교사 권경진

초등학교

책과 아이들이 어우러지는 도서관 공간
  – 서울 청계초 사서교사 **박영혜**

두 번의 리모델링으로 완성된 도서관
  – 서울 금북초 사서교사 **양소라**

느닷없이 시작한 도서관 리모델링
  – 서울 구산초 사서교사 **이영주**

꼼꼼한 사전 준비와 공간구성 노하우
  – 고양 저동초 사서 **김진영**

아이들의 의견이 반영된 머물고 싶은 도서관
  – 화성 비봉초 사서교사 **오송희**

학교 안으로 들어온 7개의 작은도서관
  – 예산 보성초 사서교사 **고동욱**

책과 아이들이 어우러지는 도서관 공간

박영혜
서울 청계초 사서교사

공간이 부족해 북새통인 학교도서관

────── 새로운 교장선생님이 오실 때마다 내가 요구한 1순위는 늘 도서관 리모델링이었다. 서울 청계초등학교 도서관은 이용자수에 비해 공간이 너무 좁아서 아이들이 책을 읽기에도, 수업을 하기에도, 다양한 독서프로그램을 운영하기에도 턱없이 부족한 규모였다. 2005년까지 교실 한 칸 규모에 열람석이라고는 앉은뱅이책상 2~3개가 전부인 매우 열악한 도서관이었다. 2006년 사서교사가 배치되면서 교육청에서 예산 5,000만 원을 지원받아 교실 1.5칸에 36석의 열람석을 갖춘 작지만 아담한 학교도서관으로 변신할 수 있었다.

그럼에도 형편은 좋지 않았다. 서가 공간이 부족해 책은 누워 쌓여 있고, 서가는 아이들 키에 맞지 않는 6단 서가였다. 공간도 나뉘어 있지 않아 도서관에서 동아리 활동, 영화 상영 등 여러 활동을 동시에 하기 어려웠다. 무엇보다 서울 청계초는 다른 학교에 비해 학생들의 도서관 이용률이 높은 편인데 늘 앉을 공간이 부족하고 아이들로 붐벼 북새통을 이루었다.

매번 도서관 확장과 리모델링을 고민했지만 여유 교실이 없어 실행할 수 없었다. 하지만 2017년 학급 수가 줄면서 여유 교실이 생기고 드디어 도서관을 확장할 수 있는 공간이 생기게 되었다.

▬
리모델링 이전의 서울 청계초 도서관. 교실 1.5칸 규모에 36석의 열람석을 갖추고 있다. 서가 공간이 부족하고, 아이들 키보다 큰 6단 서가가 많다. 전체적으로 트인 공간이라 공간 구분이 되지 않는 모습이다.

예산과 공간을 확보하다

2016년 10월, 교장선생님이 서울시의회 교육위원회의에 서울 청계초의 도서관 상황을 알리고 예산 확보를 요청했다. 이에 서울시 교육위원회 위원장인 김성환 의원과 학부모 간담회가 이루어졌다. 학부모들은 학교에서 우선 필요한 것이 도서관 확장이라고 제안하며 필요한 지원을 부탁했고 도서관 확장 필요성에 대한 제안서도 보여 주었다. 그 결과 도서관 리모델링에 필요한 예산 1억 2,800만 원을 교부받을 수 있게 되었다.

2016년 12월 말 예산 교부 확정 소식을 듣고 도서관으로 사용할 공간부터 구상했다. 당시 도서관이 있던 자리는 좌우로 확장할 수가 없었다. 한쪽은 얼마 전 리모델링해서 최신형 방송 장비가 갖추어진 방송실이었고 다른 쪽은 계단이었기 때문이다. 그래서 불가피하게 도서관을 이전해야 하는 상황이었다.

이전할 수 있는 공간으로 1안이 4층 남향 교실 3칸과 복도 공간이었다. 2안은 2층 건물 끝 교실 3칸과 복도 공간이었다. 1안은 남향이고 교실 3칸과 복도를 확장하여 직사각형으로 긴 공간이 가능해 공간구성이 더 효율적이지 않을까 싶었으나 4층이라 접근성이 떨어지는 면이 있었다. 2안은 건물의 끝이긴 하지만 교문과 가까워 4층보다는 접근성이 좋았다. 교실과 복도 확장시 코너형 공간으로 만들어져 공간구성에 어려움이 있지 않을까 고민했지만 결국 2안으로 확정하고 본격적인 리모델링에 들어갔다.

TF팀을 꾸려 함께 만드는 설계안

예산이 확정되자 의욕과 열정이 넘치는 교장선생님과 도서관 리모델링을 숙원사업으로 품고 있던 내가 임시 TF팀을 먼저 구성했다. 겨울방학 동안 먼저 리모델링을 실시한 학교들을 돌며 정보를 수집하기 위해서였다. 1월과 2월에 임시 TF팀 선생님들과 함께 리모델링한 인근 학교와 용인 느티나무도서관 등을 돌며 서울 청계초 리모델링에 필요한 공간을 구상했다.

개학 후 정식 학교도서관 리모델링 추진위원회 TF팀(교장, 교감, 행정실장, 부장, 사서교사, 담임교사 4명, 학부모 2명)을 구성하고 학교도서관 리모델링 추진계획서를 작성해 내부 결재를 받았다. 본격적으로 리모델링을 추진해야 하는 시점이었다. 3월 총회가 끝난 뒤 리모델링 추진위원회 첫 회의를 개최했다. 이 회의에서 설계사를 만나기 전 우리가 제안해야 할 것들에 대해 논의하고 제안서를 작성했다.

TF팀 1차 회의 후 설계사와 첫 만남을 가졌다. 설계사에게 서울 청계초 도서관의 현재 현황, 그리고 우리가 바라는 도서관에 대한 콘셉트를 전달했다. 학교도서관의 역할을 제대로 하면서 아이들이 편하고 재미있게 드나들 수 있는 공간으로 만들고 싶었다. 먼저 교수학습기능을 제대로 할 수 있도록 열람공간과 수업공간이 분리되어 있었으면 좋겠다고 제안했다. 또한 독서교육의 중심 역할을 할 수 있도록 편안하고 안락한 독서환경을 제공하되 다양한 형태의 열람공간이 갖추어지기를 바랐다. 또 아이들의 휴식과 문화적 체험을 지원할 수 있는 소모임 공간 등이 구성되기를 바랐고 지역사회 주민들도 함께 하는 지역문화센

■
완성된 도서관 설계도면. 교실 3칸과 복도를 활용한 코너형 공간으로 열람공간과 수업공간 분리에 중점을 두었다. 소모임 공간과 지역문화센터 역할을 할 수 있는 공간구성도 첨가했다.

터의 역할을 할 수 있는 공간구성을 제안했다.

우리의 제안을 바탕으로 설계사는 설계안을 수정해 주었는데 거의 2주에 한 번꼴로 만나 여러 차례 설계안을 수정했다. 6차에 걸친 회의 끝에 어느 정도 설계안이 완성되었다. 그러나 설계안대로 구상해 봤더니 예산이 많이 모자랐다. 이대로라면 인테리어 공사만 하고 가구 등을 구입할 수 없는 상황이었다. 고민 끝에 교장선생님이 노원구청에 도움을 청해 보기로 하고 노원구청장과 학부모 간담회를 실시했다. 간담회 자리에서 지금까지의 진행 상황을 보고하고 도서관 리모델링을 완성하기 위해서는 예산 지원이 필요하다며 교육경비보조금 지원을 요청했다. 그 결과 노원구청으로부터 2,600만 원의 교육경비를 추가로 지원받을 수 있었다.

스타벅스 공사만 한 업체라고요?

입찰공고를 내고 시공사가 확정되었다. 입찰은 내가 원하는 업체를 정할 수 없다는 단점이 있다. 그래서 어떤 업체가 되느냐에 따라 완성도가 달라져 많이 걱정했다. 입찰 결과 공사를 담당하게 된 업체는 학교 공사 경험이 전무하고 주로 스타벅스 공사를 담당한 업체였다. 학교에 대해 너무 모르면 우리가 생각한 부분들과 상이한 공사가 이루질 수도 있어 걱정이 많았다. 그러나 그건 기우에 지나지 않았다. 업체 담당자는 설계사, 가구업체와 1차 미팅을 가진 후 설계도를 보며 아이들 안전에 맞지 않는 설계를 10곳 이상 지적해 왔고 설계 수정이 필요한 상황이었다. 설계사 입장에서는 조금 기분이 나쁠 수도 있었겠지만 모든 부분을 시공사와 상의하며 수정해 나갔다. 어느 책에서 학교 도서관도 스타벅스처럼 디자인하라는 글을 본 적이 있는데 학교 공사 경험이 없이 스타벅스만 공사해 봤다는 시공업체 덕분에 전통적인 모습과는 조금 다른 모습의 도서관 공사가 이루어졌다.

 2017년 7월 24일부터 8월 15일까지 도서관 인테리어 공사가 진행되었다. 방학 중이었는데 시공사 담당자는 매일 사진을 찍어 행정실에 공사 상황을 보고했고 행정실장님도 공사과정을 꼼꼼하게 지켜봐 주었다. 2~3일마다 학교에 나가 설계대로 진행되고 있는지 공사 상황을 지켜보는 나에게 행정실장님과 시공사 담당자는 그때그때 공사 진행 상황을 설명해 주었다. 이전 학교에서 리모델링을 진행했을 때 꼼꼼하게 지켜보지 않았더니 설계에 뚫려 있던 벽을 공사 중에 막아 버려서 당황했던 경험이 있었다. 그러므로 공사 기간 중 공사에 있어서는 전문가가 아니라고 뒤로 빠져 있을 게 아니라 공사 과정을 하나하나 살피고 설계대로 진행되고 있는지 확인하는 것이 꼭 필요하다.

두 번에 걸친 대이동

 서울 청계초 도서관은 기존에 있던 곳에서의 확장이 아니라 이전하는 것이라서 공사 기간에 도서관 업무를 볼 수 없었다. 그래서 가능한 기간 동안 최대한 도서관을 개방하고 공사 상황에 맞추어 도서관 이사를 시작했다. 도서관 리모델링시 가장 큰 문제는 책의 이동과 정리이다. 우리도 이 부분을 업체에 맡길 것인가, 자원봉사자를 쓸 것인가 많이 고민했다. 그러나 업체를 쓰기에는 안 그래도 빠듯한 예산에서 큰 부담이 되었다. 그래서 차선책으로 자원봉사자를 쓰기로 했다. 한국 장학재단에서 하계방학 중 집중 근로 학생 2명을 배정받았고, 1318자원봉사포털(현재는 1365자원봉사포털) 사이트에서 자원봉사자를 받았다. 1318자원봉사포털 사이트를 이용할 때 단점은 학생들이 자신의 스케줄에 맞춰 오기 때문에 매일 같은 사람이 오기 힘들고 전문 인력 확보가 안 된다는 것이다. 그렇지만 장학재단에서 배정받은 대학생 중 한 명이 공공도서관에서 책을 옮겨 본 경험이 있어 많은 도움을 받을 수 있었다.

드디어 일주일에 걸친 책 이동이 시작되었다. 공사 완료 후 한 번에 책을 이동한 것이 아니라서 1차로 새 도서관 옆 교실 2곳에 책을 보관했다가 공사가 끝나면 새 도서관으로 이동할 계획이었다. 기존 도서관 정리 시간이 필요했기 때문이다. 가구업체에서 밴딩기를 빌려 일주일 동안 주제별로 책을 밴딩하고 교실 2곳에도 주제별로 구역을 나누어 책을 이동했다. 책이 섞이면 나중에 정리하기가 여간 힘든 게 아니어서 주제별로 섞이지 않도록 하는 것이 중요하다.

공사가 진행되는 동안 가구 제작과 구입을 진행했다. 가구의 경우 제작가구와 조달구입가구로 구성했으며 고무나무와 자작나무를 사용한 원목가구로 했다. 당시 수입하는 나무의 단가가 갑자기 오르고 수입 물량이 부족하여 어려움이 있었지만 가구업체 사장님이 동분서주 노력해 주어서 원활하게 할 수 있었다. 나무를 선택하고 설계에 맞는 가구 디자인을 협의하고 가구 제작이 들어갔다. 가구 완성과 함께 가구에 있는 품번과 견적서가 일치하는지 설계대로 디자인되었는지도 꼼

리모델링 공사 후 비어 있는 공간. 제작 가구와 구입가구로 구분하여 공사 중에 테이블과 소파 등을 제작했다.

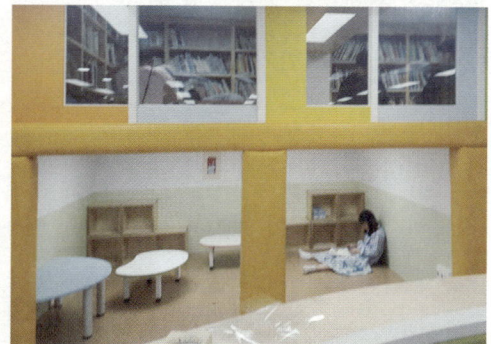

책을 옮기고 도서관 이전을 완료한 모습. 원목과 노란색, 오렌지색 등을 사용하여 밝은 느낌이 들고 공간이 넓어져 여유로운 모습이다.

꼼하게 확인하는 과정이 필요하다. 이 과정이 모두 끝나면 이제 입주만 남았다.

3주에 걸친 공사가 모두 완료되고 우선 교실에 옮겨 놓았던 책부터 도서관으로 옮겨야 했다. 서울 청계초는 예산 부족으로 바닥을 평평하게 하는 공사를 하지 못해 바닥의 높이가 고르지 못했다. 그래서 가구를 배치하는 과정이 더디고 힘들었다. 가구를 일괄적으로 제작해서 배치하는 게 아니라 하나하나 제작하고 맞춰야 해서 책도 한꺼번에 들여 놓을 수 없었다.

책 정리는 국가근로장학생과 명예사서 어머니들이 함께 해 주었다. 명예사서 어머니들은 도서 배가에 어느 정도의 전문 지식이 있는 분들이라 책 정리가 크게 어렵지는 않았다. 며칠에 걸친 책 정리가 끝난 다음 서가 명찰을 붙이고 각종 사인물을 제작하면 도서관 리모델링이 완성된다.

뿌듯하기도 하고 아쉽기도 한 공사

서울 청계초 도서관 리모델링은 다른 학교에 비해 큰 어려움 없이 진행된 편이다. 우선 교장선생님이 전문가인 사서교사를 적극적으로 믿어 주었고 많은 것을 결정할 수 있는 권한을 주었다. TF팀 선생님과 학부모님들도 회의에 늘 적극적으로 참여했으며, 설계사도 우리의 요구를 적극 수용하고 많은 자료를 수집하여 설계도 수정을 거듭해 주었다. 또한 시공사 사장님도 넘칠 정도의 꼼꼼함으로 공사를 진행해 주었다.

그 결과 처음 우리가 생각했던 '도서관의 역할을 제대로 하면서 아이들에게 친밀하고 편안한 도서관'이 어느 정도 구현될 수 있었다. 일단 교수학습을 위한 별도 공간이 마련되어 가운데 큰 나무 조형물을 세우고 주변에 둥근 소파와 반원소파를 두었다. 아이들은 그곳에 눕거나 앉아서 책을 보았고 학급 담임 선생님들이 아이들을 둘러앉히고 책을 읽어 주기도 했다. 또한 2층으로 올라가는 그림책방의 계단을 조금 높게 하여 아이들이 계단에 앉을 수 있도록 했다. 그곳에서 책을 읽어 주거나 다른 독서프로그램을 진행하기도 했다. 이렇게 다양한 형태로 아이들이 책을 읽을 수 있도록 열람공간을 구성했다.

하지만 100% 만족할 수는 없다. 그림책방의 계단 높이를 높게 했더니 아이들이 내려올 때마다 쿵쿵하는 소리가 크게 나서 도서관에 계속 있는 나로서는 환청이 들릴 정도였다. 또한 2층 방은 아이들의 안전을 위해 유리로 막았는데 천장까지 막힌 공간이라 공기가 밀폐되어 여름이면 덥고 발냄새로 힘들었다. 그럼에도 불구하고 아이들은 꿋꿋하게 그 공간에서 책을 읽고 있다. 또한 수업공간 문 방향을 대출대 쪽으로 했으면 수업을 하다가도 도서관 상황을 살필 수 있는데 그렇게 하지 못했다는 아쉬운 점이 있다. 학교도서관은 1인 운영체제라 이런 점도 사전에 고려하는 것이 좋다.

공사 과정 중에는 공사에 대한 전문가가 아니다 보니 어려운 점들도 있었다. 바닥재며 각종 마감재나 색깔을 정하는 과정이 특히 힘들었다. TF팀 선생님들과 이틀에 걸쳐 벽지, 시트지, 바닥재 등의 샘플북을 10권 이상 들추어 보며 마감재 리스트를 작성해야 했다. 벽지, 시트지에 꼼꼼하게 메모한 마감재 리스트. 바닥재, 벽지, 시트지 등은 샘플만 보고 결정해야 했는데, TF팀 선생님과 샘플북을 참고해 세세하게 리스트를 작성했다.

대해 지식이 없어 이것저것 샘플을 만져 보며 골랐는데 공사 완료 후 모두 성공적이어서 너무나 다행이었다.

책과 아이들이 어우러지는 행복한 공간

　　　　　서울 청계초 도서관 리모델링이 마무리되자 갑자기 넓어지고 화려해진(?) 도서관을 보고 아이들은 마치 키즈카페에 온 듯 이리저리 뛰어다니기 바빴다. 이런 아이들을 통제하느라 처음에는 마이크를 들고 다녀야 할 정도였다. 그렇지만 잠시 혼란스러운 시간이 지나자 아이들은 다시 도서관에 적응했고 도서관도 제 기능을 하기 시작했다.

새로운 도서관에서 책과 아이들이 어우러진 모습. 단을 높인 계단에서 책을 읽는 아이들도 있고, 둥근 모양 소파를 차지하기 위해 시간을 제한하기도 하는 등 아이들은 저마다의 방법으로 도서관에서 책을 만나고 있다.

책과 아이들이 어우러지는
도서관 공간

공사 후 아이들에게 가장 인기 있는 공간은 동그란 소파였다. 처음 설계시 여러 개를 만들려고 했다가 수정해 하나만 남은 공간인데 그곳은 아이들의 최애(?) 공간이 되었고 자기들끼리 제한 시간 5분, 책을 읽지 않으면 앉을 수 없다는 규칙을 정해 줄을 서서 기다리는 진풍경이 연출되기도 했다.

도서관을 리모델링을 한다는 것은 사서교사에게 결코 쉬운 일이 아니다. 인테리어 전문가도 아니고 설계 전문가도 아니어서 그렇기도 하지만, 나의 생각과 관리자의 생각이 맞지 않거나 예산이 턱없이 부족하다는 등 많은 갈등 상황이 일어나기 때문이다. 하지만 아이들과 독서 환경만 생각하면서 이런 상황들을 슬기롭게 극복해 리모델링을 끝내고 나면 그렇게 행복할 수가 없다. 책과 아이들이 어우러져 함께 있는 도서관 공간은 세상에서 가장 행복한 공간이 아닐까 싶다.

두 번의 리모델링으로 완성된 도서관

양소라
서울 금북초 사서교사

다양한 경로로 예산 확보하기

───── 서울 금북초등학교 도서관은 학교의 핵심 공간으로 학생, 교사, 학부모의 만족도가 높은 도서관이다. 하지만 시설이 낙후되어 리모델링에 대한 요구가 높았는데, 지역구 교육경비보조금 지원을 받게 되면서 리모델링을 시작하게 되었다. 1차 리모델링(2016. 1)은 공간구성, 바닥공사와 같은 큰 틀에서의 공사가 진행되었고, 2차 리모델링(2016. 5)은 가구 및 비품이 교체되었다. 두 차례에 걸쳐 리모델링을 진행한 이유는 확보된 예산의 집행 시기가 달라서였는데 구체적인 예산은 다음과 같다.

첫 번째 예산은 성동구 교육경비보조금으로 지원신청서에 사업목적, 세부시행계획, 기대효과, 현장 사진을 넣고 도서관 리모델링이 필요한 이유를 부각시켜 제출했다(2015. 1). 두 번째 지원은 교육공동체의 의지가 담긴 학교발전기금이다. 학교운영위원회는 학교도서관의 중요성과 그 교육적 효과를 공감하고 도서관 리모델링 사업에 기금을 사용하기로 결정했다. 세 번째는 성동광진교육지원청에서 안전하지 않거나 노후된 복도나 바닥 환경을 가진 학교를 조사했고 그 결과 서울 금북초가 정비를 위한 지원기관으로 선정되었다. 따라서 리모델링 시공업체 입찰에는 바닥공사를 포함하지 않고 진행했고, 이후 시공업체와 일정

리모델링 이전의 서울 금북초 도서관. 아이들의 이용률은 높으나 시설이 낙후되어 서가 사이는 좁고 어두웠다. 특히 저학년이 주로 이용하는 그림책 서가가 많이 어두웠으며 정기간행물이 자리를 많이 차지하고 있는 모습이다.

두 번의 리모델링으로 ——
완성된 도서관

학교도서관 리모델링 예산 내역

	내용	교부 시기	예산
1차	성동구 교육경비보조금 (2015년 1월 22일 신청)	2015년 3월	50,000,000원
	학교발전기금	2015년 11월	17,876,790원
	성동광진교육지원청 공사 지원 (직접적 바닥 공사 지원)	2016년 1월	약 20,000,000원 (추정 금액)
2차	성동구 주민참여예산 (2015년 8월 12일 신청)	2016년 4월	34,000,000원
총액			약 121,876,790원

을 조정하여 공사 중간에 3일 동안 교육지원청 바닥공사가 진행될 수 있도록 했다. 이렇게 2016년 1월 성동구 교육경비보조금, 학교발전기금, 성동광진교육지원청의 공사지원금을 더해 1차 리모델링을 시작했다.

그리고 마지막으로 성동구 주민참여예산 지원금이다. 성동구청에서 10억의 예산 내에서 주민참여투표를 통해 선정된 사업을 구의회에서 내년 예산에 원안을 그대로 포함하는데, 낙후된 도서관 가구와 비품 교체 예산에 대한 신청서를 냈고 주민들의 공감과 투표로 사업이 선정될 수 있었다. 이미 리모델링 공사가 진행되던 중에 선정된 터라 주민참여예산 지원금 3,400만 원은 다음 해인 2016년 4월 무렵 교부될 예정이었다. 그래서 리모델링 계획을 일부 수정하여 두 차례에 나누어 리모델링을 진행하게 되었다.

덧붙여 예산 집행 계획을 수립할 때는 예상치 못한 상황에 대비한 예산을 마련해 둘 필요가 있다. 서울 금북초의 경우 리모델링 공사 마무리 시점에 조명이 예상보다 어둡고 초등학교 도서관에 어울리지 않았다. 갑자기 조명을 바꾸게 되어 예산이 추가로 지출되었는데 이런 경우를 대비해서 도서관 자체 예산에서라도 지출 가능한 예산을 정해 두면 좋다. 이러한 예산 계획 및 집행 과정에서는 행정실과의 긴밀한 협조가 필요하기 때문에 사전에 리모델링에 대한 공감대를 형성하는 것도 매우 중요하다.

세세한 계획서와 효과적인 공간 활용

─── 예산이 확보되고 리모델링 추진계획서를 구체적으로 작성한 다음 필요시마다 수정했다. 리모델링은 상황에 따라 추진 계획이 많이 변경되기에 간단하게 작성해 시작하는 경우가 많다. 그러나 추진계획서가 구체적일수록 추진 과정이 원활하고, 사소한 것도 놓치지 않게 된다. 그러므로 작성 초기부터 세세하게 작성할 필요가 있다.

학교도서관 리모델링 추진위원회(이하 추진위원회)는 기존 학교도서관 운영위원으로 구성하고 10차례 회의를 진행했다. 추진위원회 1차 회의는 설계용역 외부발주 여부, 도서관 확장 여부, 우수학교 탐방 결과 발표가 주된 내용이었다. 회의 결과 학교도서관 설계 경험이 많은 건축사와 함께 설계 작업을 하기로 했다. 설계용역을 두었을 때 장점은 첫째, 설계도면을 가지고 시공업체 입찰을 진행하고 시공업체가 설계도면 그대로 시공하기 때문에 중간에 변경 없이 공사가 진행된다는 점이다. 둘째, 건축사와 다양한 의견을 나눠 설계도면이 완성되므로 수요자 중심의 설계가 가능하다. 설계도면 완성까지 여러 차례 수정을 거쳤고 만

학교도서관 리모델링 추진계획서(예)

I. 목적 및 방침

목적
- 맞춤식 독서교육 공간구성을 통한 독서문화 생활화 정착
- 독서교육 교수 학습 지원센터로서의 효율적인 공간 구축

방침
- 학교도서관 리모델링 추진위원회는 학교도서관운영위원으로 한다.
- 학교도서관 리모델링 업체 및 기기는 위원회 협의를 통해 선정한다.
- 학교도서관 리모델링은 성동구청 지원 예산으로 추진한다.

II. 세부계획

1. 학교도서관 리모델링 추진 일정

순	구분	일시	비고
1	리모델링 추진위원회 구성 및 협의	9월 1주~4주	설계 여부, 공간 활용
2	설계 용역 및 완성	10월 1주~4주	
3	입찰 공고 및 업체 선정	11월 3주~4주	행정실 협조
4	리모델링 사전 준비	12월 1주~2주	
5	리모델링 공사 및 이사	12월 3주~1월 4주	
6	도서 재배치 및 축제 준비	2월 1주	
7	도서관 개관식 및 축제	2월 2주	
8	도서관 리모델링 최종정비 (서가 및 비품)	5월	주민참여예산

2. 학교도서관 리모델링 추진위원회 구성
가. 위원장 : 학교장
나. 부위원장 : 교감

다. 업무총괄 : 수업연구부장
라. 추진 및 운영 : 사서교사
마. 협조 : 행정실장
바. 학년별 추진위원

1학년	2학년	3학년	4학년	5학년	6학년
장**	김**	박**	이**	최**	이**

3. **추진위원회 운영**(생략)

4. **학교도서관 평면도 예시**(교실 2칸 평면도) – 생략

5. **학교도서관 리모델링 예산 집행 계획**

   가. 예산 내역 : 성동구청 교육경비보조금(50,000,000원)
   학교발전기금(17,876,790원), 주민참여예산(34,000,000원)

   나. 항목별 예산 집행 계획
   1) 1차 성동구청 교육경비보조금, 학교발전기금

항목	내용	수량	단가	금액
공간 인테리어	도서관 내부 개선공사	1	*	*
	이하 생략			

   2) 2차 교육경비 주민참여예산

항목	내용	수량	단가	금액
비품	의자(도서검색대)	3	*	*
	이하 생략			

6. **학교도서관 공간구성과 기능**(생략)

7. **우수 도서관 사전 답사 사진**(생략)

족할 만한 도면을 얻게 되었다. 물론 설계비용이 발생하는 단점이 있는데 예산이 충분하지 않다면 시공업체에 설계를 맡겨 비용을 절감할 수 있다.

도면 설계 과정에서의 주요 요구사항은 다음과 같다.

- 붙박이서가
- 저학년이 많이 이용하는 그림책 서가를 밝은 곳에 배치
- 그림책의 크기는 다양하므로 그림책 서가의 높이를 다양하게 움직일 수 있도록 설계
- 책과 함께 빠질 수 있는 수영장 같은 공간 마련
- 도서관 문을 열었을 때 대출반납 및 업무 공간이 보이지 않도록 배치
- 창문 밖을 보며 자연을 느낄 수 있는 열람공간
- 신간 도서나 도서관 행사 용품을 보관할 수 있는 서고 공간 또는 수납공간

이 중에서 가장 중요한 요구사항은 붙박이서가를 제작하는 것이었다. 별치기호별, 총 장서수, 증감 장서수, 책의 가로세로 길이를 고려하여 서가를 제작했고, 붙박이서가 상단에 수납공간을 제작하여 다양한 도서관 용품을 보관할 수 있도록 했다. 붙박이서가의 상단 공간은 책을 배가할 수 없는 공간으로 수납공간이나 전시공간을 만들면 유용하다.

서울 금북초는 도서관활용수업이 활발하게 이루어지고 여러 개의 독서동아리가 운영되고 있지만 독립된 공간이 없어 운영에 어려운 점이

수정 끝에 완성된 설계도면. 대출반납대는 도서관 입구에서는 보이지 않으나 아이들을 지켜볼 수 있는 구조이다. 그림책 서가는 높이를 다르게 했으며, 많은 책을 꽂을 수 있도록 붙박이서가를 제작했다. 또한 독립적인 수업공간을 두어 도서관활용 수업이나 동아리 활동을 가능하도록 했다.

있었다. 그래서 도서관에 독립된 수업공간을 확보하기 위해 도서관 옆 교과실과 상담실을 이전하고 도서관을 확장하여 리모델링을 진행했다.

도서관 공간과 수업공간 사이에는 슬라이딩 도어를 설치해 필요한 경우에는 개방해 도서관 공간으로 이용하고 수업이 있을 때는 도어를 닫아 독립적인 공간으로 이용할 수 있도록 했다. 수업공간의 이름을 '질문이 있는 교실'로 붙이고 참고도서(영어사전, 국어사전, 도감 등)와 태블릿 PC 25대를 비치했다. 다양한 형태의 모둠학습이 가능하도록 사다리꼴형 책상도 구입했다.

이후 이 공간에서 학급당 2주에 1회만 가능했던 도서관 수업을 주당 1회로 진행할 수 있게 되었고 교사가 프로젝트 수업을 원하는 경우 언제든지 예약해서 이용할 수 있게 했다. 교사들로부터 공간 변화로 학생들의 집중도가 좋아졌으며 그로 인해 교육적 효과를 기대할 수 있다는 평가를 받았다. 그 밖의 추진위원회 회의를 통해 결정된 사항은 설계용역 계약 및 설계도면 선정, 학교발전기금 사용 여부, 가구 선정, 물품 및 비품 구입 우선순위 선정 등이었다.

이사부터 공사까지 1차 리모델링

리모델링 공사 6주를 앞두고 자료 정비와 비품 정리를 시작했고 등록할 자료와 이관해 사용할 도서, 폐기도서를 선별하는 작업을 진행했다. 이사업체 선정은 행정실을 통해 여러 이사업체의 견적과 세부 정보를 받았다. 이후 도서관 이사 경험이 있고 문헌정보학을 전공한 팀장이 운영하는 업체로 선정했다.

도서관 이전을 앞두고 밴딩 및 분류 작업을 하는 모습. 공사를 앞두고 이관할 도서와 폐기도서를 정리한 다음 업체를 선정해서 이사했다. 책은 청구기호로 분류한 다음 밴딩 처리하여 옮기는 방식으로 했다.

이사 당일에는 불용물품을 폐기하고 도서와 물품을 도서관 바로 옆 2개의 교실에 나누어 보관했는데, 이때 중요한 것이 공사 후 먼저 들어올 물품 순서이다. 이사 당일 이사업체 직원들에게 도서관 청구기호 안내와 청구기호순 포장 방법, 도서의 순서와 보관 방법, 보관 순서에 대해 안내했다. 3명을 한 그룹으로 묶었고 그룹마다 청구기호를 이해하고 있는 직원을 1명씩 배치한 후, 별치기호별로 그룹을 배정했다.

그런 다음 사서교사, 행정실장, 건축사, 현장소장이 모여 최종적으로 설계도면을 살펴보고 공사를 시작했다. 공사가 시작되자마자, 구입 예정 물품을 조사하고 구입 우선순위 1~3위를 선정하는 작업을 했다. 가구 및 비품 예산은 3개월 후 별도로 교부될 예정이었기 때문에, 당장 필요한 물품, 3개월 후에 구입할 물품으로 구분하여 가구 비품 구입 계획서를 작성했다. 조달청 가구는 설치 기간이 꽤 소요되므로 미리 일정을 조정하여 개관 일자에 차질이 없도록 해야 한다.

리모델링 공사 모습. 조명, 랜, 가구 제작 등 큰 공사들이 진행되고 있는 모습이다.

    가구 선정시 어려웠던 점은 색깔을 선정하는 일이었다. 추진위원회의 의견이 다양하여 결정이 쉽지 않았다. 계약업체가 소규모 시공업체여서 색상을 반영한 가상모듈 등을 제공하지 않았기 때문에 힘든 점이 있었다. 예산이 충분하다면 색상에 대한 전문 컨설팅을 받는 것도 좋다고 생각한다.

    개학 전에 공사가 완료되고 이사를 할 수 있도록 일정에 차질이 없는지 공사 중간에 진행 상황을 수시로 확인했다. 개학 전 2주 동안 장서 정리 및 조열 작업, 랜 공사, 가구 및 비품 설치 작업을 진행했고 개학에 맞추어 도서관을 개관할 수 있었다.

    리모델링을 한 우수 도서관을 탐방할 때 도서관을 돋보이게 하는 것은 사인물과 조명이라는 걸 느꼈다. 사인물을 멋지게 디자인해 자체 제작하고 싶은 마음이 컸으나 비용을 고려해야 했다. 조명은 디자인, 밝기, 이용자 편의성을 가장 크게 고려했으며 햇빛이 들어오는 양에 맞춰 개수를 결정했다. 또한 조명을 낮게 설치하면 학생들이 만질 위험이 있어 높이도 고려해야 한다.

학교도서관 리모델링 진행 일정

일시	내용
2015. 6. 25	학교도서관 리모델링 추진계획서 내부보고(2015년 10월 예정)
2015. 7~8	우수 도서관 답사(5개 도서관 탐방 및 정보 조사)
2015. 9. 3	학교도서관 리모델링 추진위원회 1차 회의(위원 10명) (설계 용역 여부, 교과실, 상담실 확장 여부 등)
2015. 9~10	학교도서관 리모델링 추진위원회 2차~8차 회의 (설계 용역 계약 및 설계 도면 선정, 학교발전기금 사용 여부 등)
2015. 10. 1	교육청 도서관 바닥 공사 지원 확정-약 2,000만 원 추정(리모델링 일시를 2015년 12월로 연기)
2015. 11	성동구 주민참여예산 확정-가구 및 비품(2016년 5월 구입 예정)
2015. 11	학교도서관 리모델링 사전 준비 시작
2015. 12. 1~18	시공업체 입찰 및 이사업체 선정
2015. 12. 17~22	장서 점검 및 조열(휴관 12. 14~12. 16)
2015. 12. 21~12. 22	업무 공간 이동 및 이사 사전 준비(서가별로 포장 순서 번호 붙이기, 불용물품 폐기)
2015. 12. 23	도서관 이사 및 물품 폐기
2015. 12. 28~2016. 1. 25	공사 착공, 가구 비품 정보 조사 및 선정
2016. 1. 5~1. 8	학교도서관 리모델링 추진위원회 9차 회의(색깔 및 조명 선정)
2016. 1. 11~12	가구 및 비품 구입 요청, 사인물 제작 요청
2016. 1. 25	시공업체 검수 및 공사 완료
2016. 1. 26	도서관 이사
2016. 1. 27~2. 14	도서 정리 및 조열, 랜 공사, 비품 설치(PC, 빔 프로젝터), 사인물 설치, 독서축제 준비
2016. 2. 15	개관식 및 독서축제
2016. 3~4	학교도서관 리모델링 추진위원회 10차 회의(가구, 비품 선정)
2016. 4. 29	휴관 후 이사, 가구 및 비품 비치
2016. 5. 9	재개관, 리모델링 최종 완료

가구업체에서 제공한 3D 시안. 가구를 배치한 3D 시안을 업체에서 제공해 주어 가구를 선정하는 데 어려움이 없었다.

이용자가 머무르고 싶은 도서관으로

1차 리모델링이 끝나고 2016년 2월 개관식을 열었다. 독서축제를 열어 아이들이 직접 도서관에서 활동하고 이용할 수 있는 다양한 프로그램을 기획했다. 학부모를 위한 프로그램을 마련하여 자녀와 함께 새로운 도서관을 경험할 수 있도록 했다.

3개월 후 주민참여예산으로 가구와 비품을 교체하는 2차 리모델링을 시작했다. 부분 공사의 장점은 시설 기본 공사를 마치고 이용자의 이용 추이와 시설 상태를 살펴보고 수정 부분을 반영할 수 있으며, 심미성, 규격성을 고려해 가구 및 비품을 구입할 수 있다는 점이다. 하지만 이사 비용을 2차에 걸쳐 지불한다는 점, 1차 공사 후 당장 필요한 가구, 사인물과 같은 비품 예산을 확보하기 어렵다는 단점이 있다.

가구는 조달청에 등록된 업체의 여러 가구를 살펴보고 1차적으로

■ 리모델링 후 도서관 모습. 공간이 넓어지고 환해졌으며, 밝은 색 가구로 따뜻하고 편안한 느낌을 준다.

두 번의 리모델링으로
완성된 도서관

■ 리모델링이 끝난 도서관에서 아이들은 각자 편한 모습으로 책을 보고 있다.

선정했다. 이후 행정실에서 받은 업체의 견적서를 보며 추진위원회 회의를 통해 가구를 선정했다. 업체 중에서 도서관 도면에 가구를 비치해 3D 시안을 보여준 업체가 있어서 가구 선정이 용이했다. '질문이 있는 교실'에 수업 활용 도구로 구입한 태블릿 PC(25대)는 프로젝트 수업뿐만 아니라 3~6학년 대상으로 주 1회 독서교육종합지원시스템을 활용한 독서수업 기자재로 활용되고 있다.

서울 금북초 도서관은 리모델링 후 더욱 활성화되어 이용자로 하여금 머무르고 싶은 곳이 되었고, 리모델링을 바탕으로 이루어진 다양한 교육 활동이 인정되어 2018년 도서관 운영평가 학교도서관 부문에서 문화체육관광부 장관상을 수상했다.

느닷없이 시작한 도서관 리모델링

이영주
서울 구산초 사서교사

* 서울 연가초에서 리모델링을 진행한 내용입니다.

방학을 앞두고 번갯불에 콩 구워 먹듯 시작하다

──── 나에게는 멋진 도서관에서 근무하고 싶은 로망이 있었다. 이집트 알렉산드리아 도서관처럼 햇빛이 폭포처럼 쏟아지는 창이 나 있고, 멋진 풍경이 눈앞에 펼쳐지고 다양한 종류의 도서 관련 물품과 사람 키만 한 지구본, 자유로운 토론이 가능한 별도의 공간을 갖춘 도서관에서 근무하면 얼마나 좋을까. 이런 망상을 자주 했고 종종 도서관 사진들을 검색해 보며 꿈을 달래기도 했다. 그런데 내가 근무한 학교 도서관들은 서울에서 가장 열악한 환경을 자랑하는 곳이었다. 교실 1.5칸 규모에 책은 2만 권이 넘고 좁은 도서실에 2,000명 안팎의 전교생이 도떼기시장처럼 드나드는 곳이었다.

그런데 겨울방학을 두 달 앞두고 있던 어느 날 느닷없이 도서관 환경개선사업예산이 내려오게 되었다는 통보를 받았다. 바라던 일이기는 했으나 개인적 사유로 병가를 한 달 앞둔 시점이었고 교장선생님은 퇴임을 한 학기 앞둔 상황이라 빠른 시일 안에 리모델링이 진행이 되어야 했다. 그때부터 번갯불에 콩 구워 먹듯 도서관 리모델링 추진위원회를 꾸리기 시작했다.

리모델링 사업을 진행했던 선생님들에게 계획서 등 필요한 문서와 조언을 얻는 일부터 시작했다. 그런 다음 현재 도서관 현황을 파악했

리모델링 이전의 서울 연가초 도서관. 교실 1.5칸 규모에 장서량은 2만 권 이상이었다. 아이들의 이용률이 높은데다가 수업도 많아 항상 좁은 공간이 북적거렸다.

다. 원래 2층에 있던 도서관을 1층에 교실 2칸과 복도를 터서 도서실로 만들 계획이었는데 예산은 5,000만 원밖에 책정되지 않았다. 교실과 복도를 트고 복도와 천장, 창문 등의 공사만 해도 상당한 예산이 필요해 낡은 서가와 대출대를 재활용해야 하는 상황이었다. 심지어 대출대의 시트지가 다 떨어져 너덜너덜했지만 나무결 무늬의 시트지를 붙여서 재활용하기도 했다.

다행히 리모델링이 추진되던 중 추경으로 약 2,000만 원의 예산이 마련되었다. 눈에 띄지 않는 벽 쪽과 데스크의 가구는 기존 서가를 재활용해서 썼지만 눈에 띄는 부분의 가구는 새 가구로 어린이 키에 맞는 낮은 서가를 살 수 있었다.

공간 활용 예를 보기 위해서 5개 정도의 우수 리모델링 학교를 리모델링 추진위원들과 함께 탐방했다. 견학시 로비는 전시 및 게시 공간으로 활용이 가능한지, 대출 공간이 초등학생에게 맞는 높이인지, 공간간 동선이 고려되었는지, 색상은 조화로운지, 어떤 가구를 썼는지 등을 유의해서 살펴보았다. 궁금한 점은 미리 메모해 가는 것이 좋다.

봉사자 쉴 공간 확보와 서가 옮기기

────── 리모델링 우수교 탐방 결과와 서울 연가초 리모델링 1차 예상 도면을 PPT로 제작해서 리모델링 회의(교감, 행정실장, 학부모 대표 2명, 사서교사, 교사 3명으로 위원회 구성) 때 브리핑하고, 의견을 모았다. 학교도서관의 역할에 대해 의견을 모으는 게 무엇보다 중요했다. 교수학습공간, 행사 진행, 전시공간, 자유열람공간, 정보검색공간, 다용도실 등 역할에 따라 공간이 구성되어야 하기 때문이다.

회의 때 의견이 잘 맞지 않은 부분이 두 가지가 있었는데, 첫 번째는 '별도의 다용도실 공간 확보'였다. 초등학교 도서관은 학부모 자원봉사자의 도움이 꼭 필요하다. 그런데 가장 곤란한 일이 자원봉사하면서 쉴 때이다. 마땅한 쉴 공간이 없어서 아이들이 적을 때 열람실에서 커피를 마시곤 했는데, 아이들에게는 음식물 반입을 금지시키면서 어른들은 커피를 마시는 모습이 참 난감했다. 하지만 교장선생님의 반대가 있어 여러 차례 논의하고 의견을 모아 간신히 없는 공간을 쪼개서 작은 이야기방을 만들 수 있었다.

두 번째는 도서관 이사 전문 업체를 이용하는 문제였다. 2만여 권의 책과 비도서를 2층에서 1층으로 옮기는 문제 때문에 의견이 분분했다. 학교에서는 학부모와 아이들이 옮기게 하자고 했지만 최종적으로 이사 업체를 선정하기로 했다. 도서실 이사는 일반 이사와 달리 서가에 대

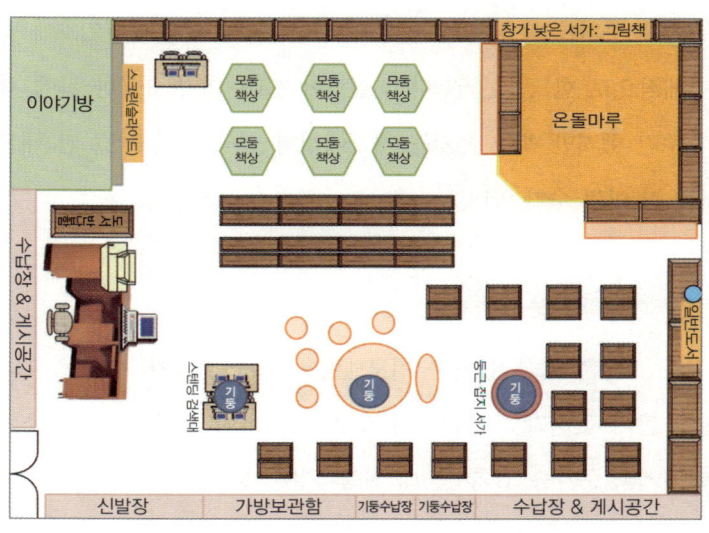

리모델링 우수교 탐방 후 PPT로 제작한 1차 예상 설계도면. 교수학습공간과 열람공간, 정보검색공간을 분리했다. 자원봉사자들이 쉴 수 있는 이야기방 공간도 두었다.

한 기본적인 이해가 필요했다. 이사 전에 폐기할 도서를 고르고, 리모델링 기간 중에는 대출을 할 수 없으니 장기 대출을 미리 실시하는 것도 필요하다.

그런 다음 현재 도서실과 리모델링 후 도서실의 서가 배치도를 모두 그려야 한다. 서가마다 번호를 붙여 책이 제 서가에 꽂힐 수 있도록 섬세한 계획이 필요하다. 서가 한 칸만 움직여도 나머지 서가를 다 옮겨야 하니 보통 일이 아니다. 서가 배치도를 서가 칸칸마다 일일이 번호를 붙여 놓고 몇 번이나 그렸다. 특히 서울 연가초 도서관의 경우처럼 서가의 빈칸이 한 칸도 남지 않는 경우는 더욱 세밀한 계획이 필요하다. 그렇게 주의를 했음에도 불구하고 도서관 이사 후 청구기호에 맞춰서 전체적으로 한 권 한 권 다시 살펴야 했다. 내가 요구한 칸에 책을 꽂아 주긴 했지만 책을 옮기는 과정에서의 실수, 그리고 그 칸 내에서 섞이는 건 어쩔 수가 없다.

전문가가 하더라도 꼼꼼한 체크는 필수

많은 예산이 드는 리모델링은 기초 설계가 가장 중요하다. 그래서 돈이 들더라도 전문가의 도움을 받아야 한다. 우리도 추천을 받아 설계 전문가를 섭외했는데 진행과정에 설계도의 허점이 드러나서

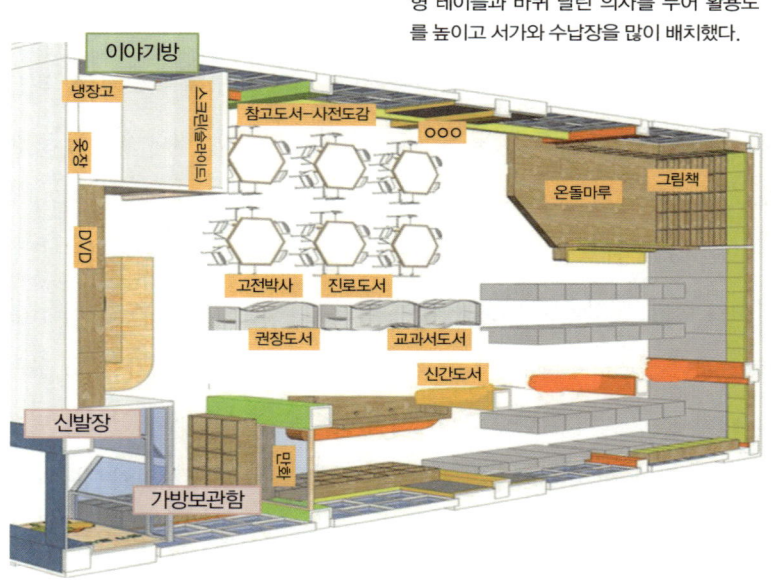

설계사와 논의 끝에 수정된 설계도면. 육각형 테이블과 바퀴 달린 의자를 두어 활용도를 높이고 서가와 수납장을 많이 배치했다.

실망이 컸다. 전문가 입장에서는 소규모 일이라고 생각했는지 사이즈조차 틀린 것이 있었는데, 맨 처음 사이즈를 잘못 재면 가구가 맞지 않는 등 2차, 3차 문제들이 도미노처럼 나타난다. 나중에 설계업자와 계속 협의하며 오류를 수정해 나갔지만 전문가만 믿고 손 놓고 있으면 절대 안 된다.

한번은 서가 두께를 6cm로 제작하기로 했는데 3cm로 제작해 놓고 설계도대로 했다고 우기는 일도 있었다. 그때 건축은 믿고 맡길 수 있는 분야가 아니라는 걸 알았다. 결국 완성된 제작 서가를 모두 다 뜯고 다시 제작하는 사태까지 벌어졌다. 두께나 크기 등 처음 협의한 대로, 설계한 대로 진행되는지 담당자가 꼼꼼히 살피지 않으면 시공업자들이 억지를 부릴 수도 있다. 그럴 때는 교감선생님 등 주변에 도움을 청해서 해결하는 것도 방법이다.

- 가구 선택 : 이용자의 편의를 생각해서 도서관 의자는 바퀴가 달린 의자로 구입했다. 바퀴 달린 의자는 편안하고 끄는 소리도 나지 않는다는 장점이 있지만 초등학생들에게는 적합하지 않았다. 자동차라는 상상력을 발휘하며 의자를 타고 장난치는 아이들이 부지기수였다. 책상은 고민을 많이 했는데 도서관 공간은 좁은데 행사는 많은 편이어서 육각형 책상을 선택했다. 책상 2개를 모으면 6명이 한 모둠으로 토론 수업을 할 수 있고, 원화 전시회 등을 할 때는 길게 붙여서 전시를 위한 책상으로 쓸 수 있어서 활용도가 높았다.

리모델링이 끝난 꿈마루 도서관. 오렌지와 그린 계열로 화사한 느낌을 주었고, 조명도 많이 설치해 더욱 밝아졌다. 테이블과 의자는 활용도가 높은 것으로 선택했으며 공간 활용을 위해 정보검색대는 스탠딩으로 제작했다.

- **게시 및 전시 공간** : 초등학교 도서관은 학생 작품을 전시하거나 홍보물을 게시하는 공간이 필요하다. 게시판이 자석으로 되어 있으면 편할 텐데 압정을 꽂아야 하는 형태인 걸 완공 후에 알고 아쉬움이 컸다.
- **신발장** : 밝고 명랑한 느낌을 주려고 전체적으로 주황과 연두색 아이보리 등 밝은 색을 많이 썼다. 그러다 보니 신발장 선반까지 밝은 색으로 했는데 신발장 바닥은 어두운 색으로 하는 것이 좋다.
- **출입문** : 유리문 여닫이로 했는데 열고 닫을 때 정신없이 뛰어오다 아이가 다치지 않을까 항상 걱정이 되었다. 초등학교는 특히 안전한 출입문에 대한 고민이 필요하다. 그리고 문 사이에는 약간의 간격을 두고 고무 마킹 처리를 해서 손가락이 끼더라도 다치지 않도록 했다.
- **수납장** : 도서관 살림은 예상 외로 엄청 많다. 그래서 무조건 수납장이 많아야 한다. 데스크 뒤를 전체 수납장으로 만들었다. 벽쪽 서가 윗부분에도 문이 있는 수납장을 설치했다.
- **스탠딩 정보검색대** : 이용자는 많은데 검색 컴퓨터를 3대밖에 둘 수 없는 상황이라 정보검색만 할 수 있도록 아예 의자를 없애고 스탠딩으로 제작했다.

새로운 이름으로 바뀐 '꿈마루' 개관식

도서관 리모델링을 하면서 새로운 이름 공모전도 실시했다. 방송과 도서관 소식지를 통해 공모했는데 29개의 이름 중 가장 많은

표를 얻은 '꿈마루'로 최종 결정되었다. 이 이름을 낸 학생이 속한 학급에는 사탕 한 통을 선물로 줬다. 개관식날에는 학부모와 지역 인사들을 초청했다. 리모델링 과정을 동영상으로 제작해 함께 보는 시간도 가졌다.

꿈마루 공간은 여전히 좁긴 하지만 이전보다는 두 배 정도 넓어진 공간을 활용해서 전시회, 작가와의 만남, 학부모 독서회 등을 진행하고 있으며 도서관 프로그램도 다양해졌다.

꼼꼼한 사전 준비와
공간구성 노하우

김진영
고양 저동초 사서

* 고양 원당초에서 리모델링을 진행한 내용입니다.

운명처럼 맞게 되는 도서관 리모델링

오래된 학교에서 근무하는 사서라면 언젠가 운명처럼 맞이하게 되는 것이 바로 도서관 리모델링이다. 리모델링을 하게 되면 어떤 자재와 가구를 사용해야 할지, 공간은 어떻게 구성해야 할지 등이 가장 궁금할 것이다. 하지만 공간 혹은 예산에 따라 저마다 다를 수 있는 부분이어서 고양 원당초등학교 도서관의 리모델링을 추진하면서 경험한 내용을 짚어 보고자 한다.

- **도서관 위치** : 대부분 본래의 도서관 공간을 그대로 리모델링하기 마련이지만 가끔 층을 변경하여 리모델링을 하는 경우가 있다. 1층 이상 공간에 도서관을 설치하려면 바닥 보강공사가 필요하다는 것을 염두에 두어야 한다. 의외로 보강공사에 많은 비용이 소요되니 반드시 사전에 확인이 필요하다.
- **예산 편성** : 미리 예산 계획을 세워도 뜻하지 않은 비용이 발생할 수 있다. 필요 예산을 분야별로 나누어 체크하는 것이 필요하다. 학교에서 예산 지원이 가능하면 부족한 부분을 지원받는 것도 좋다. 예를 들어 이삿짐센터, 설계 비용, 서가 및 내부 비품 구입, 정보화 기자재 구입, 인력인건비 등도 예산에 포함해야 한다.

원중초 도서관 사물함(왼쪽)과 은행초 정기간행물 서가(오른쪽). 안의 내용물을 확인할 수 있는 원중초의 사물함과 표지를 전시하듯 보여 주는 은행초의 정기간행물 서가는 리모델링시 많은 도움이 되었다.

- **도서관 견학** : 리모델링 경향 등을 살펴보려면 가장 최근에 리모델링한 학교를 방문하는 것이 좋다. 미리 체크리스트를 작성하여 방문하면 필요한 부분을 놓치지 않고 꼼꼼하게 확인할 수 있다. 사전 견학을 여러 곳 하는 것이 부담될 수도 있지만 실제로 가 보지 않으면 몰랐을 '꿀팁'도 얻을 수 있다. 예를 들어 은행초등학교 사물함·정기간행물 서가·사물함 여닫이 도어 댐퍼(사물함을 여닫을 때 소리가 나지 않는다)와 원중초 사물함(안쪽을 볼 수 있다)·브라우징 코너(창가에 그림책 방), 삼송초 기둥 소파 설치·데스크 등은 많은 도움이 되었다. 그래서 체크리스트를 꼼꼼하게 확인하면서 구조를 파악하는 것이 좋다.

- **장서량 및 필요 비품** : 도서관의 장서량을 파악하여 서가의 위치, 개수 및 단수 등을 미리 점검하고 현재 도서관의 비품 가운데 활용할 것과 새로 구입해야 할 것 등을 정리하여 작성해 둔다.

리모델링 체크리스트 (한국도서관협회권장 '학교도서관 공간 기준' 참조)

요소	내용
공간구성 요소 및 배치 구조	각 공간별 요소가 갖추어져 있는가?
	온돌방, 다락방 등과 같은 편안한 공간구성은?
	구석진 곳, 창틀 부근 공간 활용 아이디어
	서가의 배치 형태
	대출, 반납대의 배치 및 활용도
	열람대 배치 및 활용도
	잡지대 배치도 및 학생 활용도
	게시판 구성
	전체 조명 현황
	모둠 학습 공간 앞 교사 책상과 발표 무대
	사서 연구실 · 정리실 유무 및 활용 여부
시설 및 설비	바닥의 미적 요소와 내구성, 방염성, 흡음성
	장판, 온돌, 마루, 데코타일 등의 재질
	온도 및 습도 조절 장치
	공기청정기 설치 여부 및 활용도
	암막 대용 블라인드 커튼 및 롤스크린 설치 여부
	조명 및 채광 현황
	전기 배선 및 네트워크 케이블 현황
	전체적 색채, 이용자 만족도
	관리 공간의 급수 및 배수, 싱크대 등의 시설 설치
	방송 및 학습 공간 무선 마이크 시설과 빔프로젝터
	편안한 분위기를 위한 화분과 소품의 배치
도서관 전산화	웹상에서의 소장 도서 및 자료 검색 여부
	영상, 전자기기 등 정보 기기 및 수업 지원 장비
	사서 업무용 컴퓨터와 대출 · 반납용 컴퓨터 분리 현황
	수업용 컴퓨터 설치 여부
	검색용 컴퓨터 보유 현황

	멀티미디어 통합 영상 교육 시스템 설치 현황 (빔프로젝터, DVD콤보, 전동스크린, 전동칠판, 전자칠판 등)
	레이저 프린터기, 스캐너, 복사기 보유 현황
기타	생각보다 활용도가 낮은 시설은?
	꼭 갖추어야 한다고 생각하는 시설은?
	새 구축 도서관에 하는 충고

회의는 실제 공간인 도서실에서

리모델링 추진협의회를 교장실이나 회의실 등에서 진행하기도 하는데 경험상 도서실에서 진행하기를 권한다. 담당자가 아니면 모르는 부분에 대해 이견이 생기기도 하는데 실제 공간을 살펴보고 예를 들어 설명하기에 좋다. 그리고 리모델링에 관한 모든 협의회에는 반드시 사서가 참여하고 공사 진행 상황도 전달받도록 한다. 협의가 끝나고 발주를 신청하면 설계나 자재 등의 변경이 불가능하기에 협의회 기간 동안에 필요한 부분에 대해 확실하게 요구하도록 한다.

설계는 설계 전문가가 하지만 도서관은 사서가 가장 잘 아는 공간이기에 협의에 앞서 대략적 배치도를 구상해 보면 좋다. 고양 원당초는 교실을 터서 도서관을 만드는 일반적인 경우라 약 3.5칸을 대출·반납 공간 및 브라우징·문헌자료 공간, 활용수업 공간 등으로 나누었는데, 대출·반납 공간 1칸, 문헌자료 공간 1.5칸, 활용수업 공간 1칸 정도로 구성했다. 리모델링시 공간 문제로 준비실(싱크대 포함)을 만들기 어려운 곳도 있지만 개별적인 준비실을 꼭 만들기를 바란다. 보수 및 검수할 책들을 수납할 공간도 없고 냉장고 등이 밖으로 나와 있으면 사서

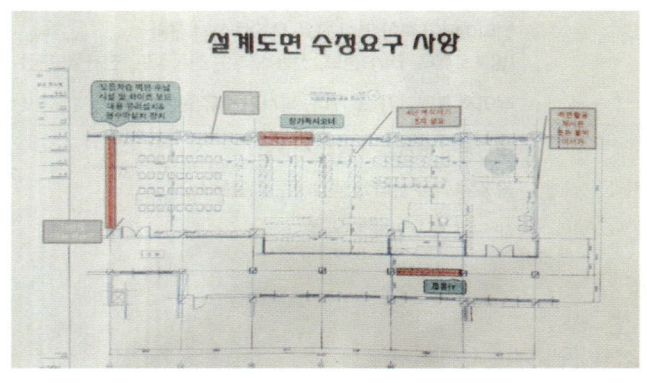

설계도면 수정 요구사항. 설계 전문가는 도서관에 대한 이해가 부족할 수 있으므로 도서관을 가장 잘 아는 사서가 꼼꼼하게 설계도를 보고 수정 피드백을 주는 것이 좋다.

의 데스크 주변이 너저분해지는 경우가 많은데 준비실이 있으면 이 문제를 모두 해결할 수 있다.

바닥재, 천장재, 서가 위치, 데스크 위치, 조명, 자재 등의 장단점을 살펴보고 리모델링하는 학교도서관에 적합한 것을 파악해 둔다. (초중고에 따라 서가 종류, 바닥재, 데스크, 이용자 소파, 열람책상 등 선택이 다를 수 있다.) '2014 경기도교육청 학교도서관 시설 및 자료 기준 참조'를 참고하면 도움이 된다.

도서관에 대한 이해 없이 외부의 시각으로 관리자나 행정실장이 수용하기 어려운 요구를 할 수도 있다. 그러다 보면 고생은 고생대로 하면서 마음만 다치게 되는 경우가 있다. 내 경우에는 사전에 필요한 부분별 요구사항을 PPT나 사진 자료로 준비해 회의에 참여했는데 말로 설

> **회의록 예시**
>
> 초등학교 리모델링 추진 관련 제2차 회의록
>
> 1. 일   시 : 0000년 0월 0일 00:00
> 2. 장   소 : 도서실
> 3. 참석자 : 교장, 교감, 행정실장, 교육지원청 시설계장, 시설주무관,
>   설계사무소장, 사서
> 4. 안   건 : 1) 2차 설계 내용 검토
>   2) 도서관 구성 배치 및 시설 관련 협의
>   3) 다음 회의 일정 협의
> 5. 협의내용
>   1) 작업 공간 배수관 설치 협의
>   2) 창가 쪽 일부 독서대를 설치하여 개인적인 독서 공간구성
>   3) 모둠학습 공간 오른쪽에 수업 활용 컴퓨터 5대 설치
>   4) 브라우징 코너는 마루 난방이 될 수 있도록 함
>   5) 조명은 LED로 함
>   6) 바닥 자재는 강화마루나 데코타일로 협의하여 결정
>   7) 시공 전 기존 도서관 기자재 설치를 위한 자료를 보충 정리하여 준비
>   8) 다음 회의시 수정요구사항을 작성하여 협의하도록 함

명하는 것보다 전달이 쉽고 사전 준비에 대한 신뢰감을 주어 비교적 수월하게 요구사항이 받아들여졌다.

도서관 비품 구입과 개관

────── 대부분 학교 공사는 행정실장이 주관하여 진행 상황을 점검하고 요구하지만 사서가 신경을 써야 하는 부분이 많다. 나는 도서관 리모델링을 하면서 관계자들을 숱하게 쫓아다녀서 소장님이 '사감 선생님'이라고 부를 정도였는데도 그럼에도 불구하고 결과적으로 원하는 것과 다르게 나온 부분도 있었다.

시설, 설비 및 주요 체크리스트

항목	내 용	설치사항/ 비고
건축 시설	바닥	
	천장	
	창호	
	벽면 흡음재 마감	
전기 시설	조명	
	전열	
	냉·난방기	
	소방	
	전기간선 및 배전판	
	방송·통신(교내 방송 스피커)	
정보통신	컴퓨터 네트워크 허브	
기타 시설	소화	
	환기구	
	급·배수	
기타		

처음엔 공사를 한곳에서 맡아 모두 하는 줄만 알았는데 시공, 설비, 전기, 인터넷 등 담당자가 달라 온풍기 선을 연결하기 전에 천장의 텍스를 붙여서 결국 떼고 다시 작업을 하게 되었다. 서가나 붙박이장이 들어가야 할 위치에 배전반이 설치되어 난감한 경우도 있으므로 진행에 따라 꼼꼼한 점검이 필요하다.

데스크, 화이트보드, 칠판장, 열람 의자, 열람 책상, 서가 비품은 선정위원회를 통해 업체를 선정하여 구입하게 되는데 사전에 요구사항과 금액 등 견적서를 꼼꼼하게 살펴보고 진행해야 한다. 사서의 데스크는

한 번 구입하면 쉽게 바꿀 수 없기 때문에 비용이 들더라도 전문적인 도서관 가구 업체에서 신중하게 선택하도록 한다.

공사가 마무리되고 서가 배치가 끝난 후부터가 진정한 노동의 시작이다. 리모델링은 대체로 방학 기간에 하기 때문에 다른 교직원들의 힘을 빌리기 어렵다. 그렇다고 사서 혼자서도 불가능하다. 용역 인력을 써도 전문적 인력이 아니라 내 맘처럼 정리가 되지 않기 때문에 혼자 무리해서 정리하는 경우가 있는데 꼭 주변에 도움을 요청하여 함께 하도록 하자.

초등학교의 경우는 도서도우미 어머니들에게 부탁하는 것이 좋다. 중고등의 경우라면 도서부원과 함께하면 좋다. 아이들의 경우, 민원이 발생할 소지가 있으니 그 부분을 염두에 두고 처음부터 완벽히 정리하기보다는 차차 정리해 나가길 권한다. 리모델링은 관리자, 행정실, 교육청 관계자, 설계자, 공사 담당자, 학부모, 교직원 모두의 협조가 필요한 일이다.

서가를 정리하는 도서도우미 어머니들. 리모델링 공사 후 책 정리는 사서 혼자 할 수 있는 일이 아니므로 도서도우미 어머니나 도서부원들에게 도움을 요청하는 것이 좋다.

리모델링이 끝난 도서관을 이용하는 아이들 모습. 각자 편한 모습으로 새단장한 도서관에서 책을 보고 있다.

　도서관 리모델링은 정말 고되고 힘든 일임에 틀림없지만 꼼꼼히 준비한다면 완성 후 뿌듯함을 느낄 수 있다. 무엇보다 달라진 도서관을 드나들며 행복해하는 아이들의 얼굴을 보고 있노라면 충분한 보상을 받을 수 있을 것이다.

아이들의 의견이 반영된 머물고 싶은 도서관

오송희
화성 비봉초 사서교사

* 화성 송화초에서 리모델링을 진행한 내용입니다.

까다로운 공모 사업에 도전하다

───── 도서관 사서교사로 일을 하며 가는 곳마다 리모델링이 필요해서 본의 아니게 몇 번의 리모델링을 담당하게 되었다. 아무것도 없는 넓은 공간에 공공도서관에서 빌린 책 1,000권과 허접한 서가 몇 개, 그리고 교실용 책걸상이 몇 개인 곳에서 리모델링을 한 적도 있고, 그리 크지 않은 시골 학교의 도서관도 설계부터 관여해서 무사히 개관식을 끝내기도 했다. 그렇게 내가 만난 21세기 학교도서관은 시설도 장서도 예상보다 훨씬 뒤떨어진 모습이었다. 그리고 사서교사가 필수사항이 아닌 선택사항이라 계약을 중단해 버리기도 일쑤였다.

새로 발길이 닿은 화성 송화초등학교 도서관은 내게 더 큰 충격을 주었다. 40년 전 내가 다니던 때보다 못한 모습의 도서실을 보고 가슴이 먹먹해 왔다. 1천 명이 넘는 학생들이 이용하는 도서관이 교실 2칸 규모, 서가는 뒤판이 떨어지고 바닥은 변색되고 전등은 몹시 어두웠다. 비 오는 날에는 책 정리가 불편했고 열람 책상은 저학년용 교실 책걸상이었다. 도서실 한가운데는 매트 두 장에 좌식 탁자, 천장까지 쌓인 책들까지……. 사서가 아무리 '사서 고생을 하는 직업'이라고는 하지만 도저히 그냥 있을 수 없어서 4가지 계획을 세웠다. 열람 책상과 의자 그리고 서가 교체, 전기배선 공사 추가, 전체 리모델링.

리모델링 이전의 화성 송화초 도서관. 교실 2칸 규모에 바닥은 변색되고 어두웠으며 서가는 뒤판이 떨어진 상태이다. 열람 책상과 의자는 저학년용이라 맞지 않았고, 책을 꽂을 서가도 부족했다.

    다행히 학교 관리자도 도서관 상황을 안타까워해서 지자체의 도서관 리모델링 공모에 응하기로 했다. TF팀을 구성하고 지자체가 지정한 디자인 디렉터를 반드시 두어야 한다는 조건이 붙은 공모사업이라 과정이 번거로워 선뜻 나서는 곳이 없었다. 부지런히 계획서를 작성하고 공모하여 공사비 1억 1,000만 원(디렉터 비용 1,000만 원 포함)을 지원받을 수 있게 되었다. 나중에 알고 보니 초등학교 2곳이 지원을 했는데 과정의 번거로움 때문에 다른 학교는 공모를 취소했다고 한다.

1년이 넘게 이어진 리모델링

TF팀은 학생 11명, 교사 4명, 학부모 2명으로 구성했다. 학생, 교직원, 학부모의 도서관 요구 조사를 실시하고 통계를 내어 결과를 바탕으로 디자인 콘셉트를 정했다. 이후 최종 디자인이 결정되고 실시설계를 하여 교육청에 제출했다. 그러다 보니 시간적 어려움이 많았다. 학원 스케줄로 바쁜 아이들과 일정 맞추기가 어려웠고 바쁘게 돌아가는 학교 일정을 감안하며 도서관 운영을 하느라 애를 먹었다.

학기 도중에 도서관 공사를 하기엔 학습권 침해, 안전문제 등이 발생할 수 있어 겨울방학으로 공사를 미뤘다. 그래서 1년이 넘는 시간 동안 리모델링에 매달려야 했다.

1월 11일에 내부공사를 시작해서 2월 14일 공사를 종료했다. 가구와 비품을 선정하고 복도 사물함까지 마무리하며 겨울방학을 보냈다. 다행히 3·1절에야 모든 공사가 마무리되어 3월 2일 입학식 날 도서관을 임시 개방하고, 3월 16일 정식 개관식을 하게 되었다. 임시 개방 첫날 아이들의 기뻐하는 모습에 그간의 고생이 잊히는 느낌이었다. 리모델링을 마친 도서관은 아이들이 쉴 새 없이 들락거리며 뒹굴기도 하고 낄낄거리기도 하고 숙제도 하고 만화도 보면서 활기를 찾았다.

지역 개방 도서관

──── 학교도서관 리모델링시 예산 지원과 관련해 알아두어야 할 사항이 있다. 공사비 지원을 지자체에서 받아 시행되는 지역 개방 조건의 경우 장점은 지역 주민에게 도서관 이용 기회를 제공할 수 있고, 지자체와 학교평생교육 협력을 할 수 있다는 점이다. 또한 교육 예산도 지원받을 수 있으나 유의해야 할 점이 있다.

- 초등학교의 경우 출입자 파악 필요(cctv 보완, 주변 성범죄자 파악, 출입에 따른 방문증 관리 문제, 아동 안전 유괴나 성추행으로부터 충분한 안전 확보)
- 야간 개방시 보안과 안전 문제
- 도서관의 위치에 따른 차폐 셔터 설치(고비용), 학교 서버실 보안 문제, 이용 학생과 직원(사서) 안전 문제
- 학생 안전과 학교 교육과정 운영에 지장을 초래하지 않는 범위 내에서 허용
- 도난 방지 시스템 설치(외부인 이용이 많을 경우)
- 대출증 제작시 신분증, 사진, 개인정보 동의서 확보

2011년 오산에 있을 때는 도서관이 별관에 있어 외부 접근이 용이해 야간 개방을 했는데 보안이나 학생과 사서의 안전 문제 및 지역주민 이용률 저조로 학교 교과과정 운영시간에 부합되도록 운영시간을 조정한 적도 있었다.

도서관 리모델링에 앞서 의견(요구) 조사를 실시하는데, 디렉터와 협의 후 설문지 문항을 작성하여 요구조사 및 통계를 반영했다. 그리고 TF팀은 학생위원 11명(각 학년 2명, 도서관 대출률, 공공도서관 대출률 기준으로 선발), 교사위원 4명(독서담당교사 및 관심 있는 교사), 학부모위원 2명(도서관과 독서에 관심이 많거나 도서관 공간에 관심이 많은 학부모), 간사(사서) 1명으로 구성했다. TF팀 운영 과정은 다음과 같다.

- TF팀 활동 범위 공지 및 과제 제시
- 도서관 공간 의견, 문제점 조사
- 의견 수렴 후 디자인에 반영
- 조사 및 의견 수렴 과정을 다섯 차례 진행 후 최종 디자인 결정
- 실시설계사 선정(학교에서 선정) 협의
- 영역별 예산 범위 결정
- 최종 실시·설계도면 교육청 시설과에 제출

항목별 예산 범위는 충분한 협의가 있어야 한다. 용역비는 보통 실시설계, 디렉터용역비, 도서 이동 및 폐기(공사비에 포함되는 경우도 있음), 청소 등의 종류로 나눌 수 있고 비품비 시설공사비 및 기타 사인물과 개관식 비용 등으로 나눌 수 있다. 추가 비용을 위해 예비비를 두는 것도 필요하다.

예산을 책정했는데 비용이 증가하는 일은 다반사로 일어난다. 그런 경우 도서관 공간구성에 필요한 부분은 모두 감안하여 설계를 하되 예

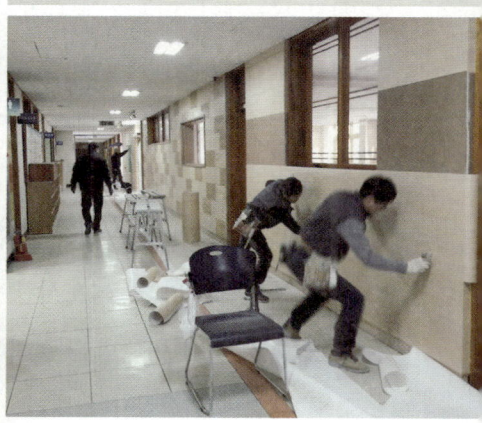

리모델링 공사 중 모습. 마루방을 설치하여 맨발로 올라가 책을 읽을 수 있는 공간을 두었고, 오렌지·그린·옐로우 등 전체적으로 밝은 톤의 색을 사용했다.

산 범위 내에서 우선순위를 정하면 무리가 없다. A/V 시스템은 보통 500만 원 정도의 비용이 발생하므로 도서관 공사 후에 설치해도 무방하다. 예를 들면 검색용 컴퓨터도 우선 1대를 구입하고 후에 추경 가능할 때 부족한 컴퓨터를 구입하는 것도 방법이다. 학교마다 학년 말에는 예산이 남는 경우가 많으므로 소소한 가구나 비품 등을 메모했다가 추경을 받아 구입하면 된다.

도서관의 공간구성

도서관의 공간구성은 도교육청의 학교도서관 시설 기준을 참고하는 것이 좋다. 기본 콘셉트를 염두에 두고 섹션별로 설치해야 할 것과 구입할 비품 목록을 작성해 둔다. 도서관 공간은 보통 로비, 출입구, 브라우징코너, 안내데스크, 검색공간, 열람공간(휴식공간 포함), 모둠학습공간, 서고, 창고 등으로 나뉘나 공간이 협소할 경우 열람공간과 모둠학습공간 및 A/V시스템을 겸하여 두기도 한다.

화성 송화초의 경우 도서관이 남향이고 본관 2층이라 난방필름을 할 필요가 없어 마루방을 설치하고 매트를 제작하여 얹었다. 이 마루방은 정말 인기만점이다. 벽면은 파스텔톤이었는데 단조로움을 피하기 위해 모듈에 포인트를 주었다. 창가의 고장 난 전기히터를 떼어내고 개인 독서 공간을 만들었으며 정보검색대는 공간이 좁아 스탠딩으로 하고 저학년과 고학년 키 높이를 고려하여 높이를 다르게 제작했다.

예전의 주출입구는 중앙계단 쪽으로 변경되어 부출입구가 되었다. 창문과 부출입구 문은 교육청 시설과에서 기존 유지 요청을 해 그대로

■ 리모델링이 끝난 도서관. 넓은 테이블과 편안한 의자로 바꾸고 벽면 쪽으로 서가를 많이 두어 장서량을 늘렸다. 마루방은 매트를 깔아 편하게 이용할 수 있도록 했으며 벽면은 나무 질감을 살려 재미를 주었다.

사용하게 되었다.

　빔프로젝터와 스크린은 공사 후 설치하기로 했고, 파란 등받이 위로는 화이트보드를 붙이려 했는데 관리자의 반대로 설치하지 못했다. 나중에 화이트보드를 설치할 수도 있을 것 같아 그대로 공간을 남겨 두었는데 스크린이 내려오면 벽면이 가려지는 구조였다.

　사인물(도서관 간판, 레터링, 대분류표, 십진분류표, 이용안내, 기타 표지판 등)과 창문 차광 스크린 등은 공사가 끝날 즈음 설치했다.

이용자의 의견이 최대한 반영되도록

　여러 번의 리모델링을 통해 깨달은 건 '완벽한 것은 없다.'는 것이다. 제한된 예산과 관리자의 의도, 이용자의 요구와 관련 법률 때문에 당초의 계획과 의도가 여러 번 수정된다. 어쩔 수 없는 일이다. 예산 구성시 용역비를 감안해야 하고 설계를 어떻게 하느냐에 따라 비용 차이가 엄청나다. 그리고 동선은 도서관 안전사고를 예방할 수 있도록 구성해야 한다.

　TF팀을 운영하면서 아이들의 생각이 어른들의 생각보다 성숙하다는 것을 깨달았다. 아이들의 의견을 공간구성에 반영하면서 공간에 대한 새로운 이해와 관심을 이끌어내는 계기가 되었다. 여러 사람의 의견을 모으는 과정이 쉽지는 않지만 이용자의 의견을 최대한 반영하고 모두 수렴할 수 없는 부분은 법률적 제한과 안전과 비용에 대한 이해를 구하는 것이 필요하다. 비록 작은 도서관이지만 이용자의 요구를 최대한 살려서 도서관을 리모델링했고 아이들의 환호와 졸업생들의 방문

도서관 입구 쪽에 설치된 자석 보드 게시판과 개관식 모습. 공지사항이나 이벤트 알림을 위해 자석 보드를 설치했다. 새로운 도서관에 한마디 남기는 이벤트에 많은 아이들이 참여해 주었다.

아이들의 의견이 반영된
머물고 싶은 도서관

은 즐거운 추억이 되었다.

  모든 이들에게 당부하고 싶은 것은 학교도서관과 도서관을 운영하는 전문인력(사서, 사서교사)은 선택사항이 아니라 필수사항임을 인식해야 한다는 것이다. 또한 정책에 반영해 달라고 적극적으로 요구해야 한다. 아무쪼록 겉모습에만 치중한 리모델링을 해서 몇 년 되지 않아 비싼 창고로 전락하는 전철을 밟지 않는 학교도서관이 되기를 바란다.

학교 안으로 들어온
7개의 작은도서관

고동욱
예산 보성초 사서교사

콘셉트가 다른 7개의 작은도서관

예산 보성초등학교는 2018년 3월 1일 건물을 새로 지어 이전 개교한 학교이다. 이전 개교를 준비하는 과정에서 학년별로 특성화된 독서 공간을 조성하는 계획을 수립해 예산군으로부터 2억 4,000만 원의 예산을 지원받았다. 그리고 이 예산으로 1층에 1실, 2층에 1실, 3층에 2실, 4층에 2실, 그리고 병설 유치원에 1실 총 7개실의 복합독서 공간을 조성하기로 기획했는데, 그것이 바로 '작은도서관'이다. 2018년 상반기에 7개실 모두 각각 다른 콘셉트를 지닌 디자인으로 설계하고 여름방학 기간 공사에 착수하여 9월 말에 완료했다. 이후 장서 배치 및 세부 작업 과정을 거쳐 11월 2일에 정식으로 개관식을 거행했다. 그리고 연말에는 교육부에서 선정한 '대한민국 우수시설학교' 대상을 수상하기에 이르렀다.

보통 작은도서관이라고 하면 말 그대로 동네 주민자치센터에서 마을문고 구실을 하는 여느 작은도서관을 떠올리기 쉬우나 예산 보성초 작은도서관은 좀 다른 성격을 가지고 있다. 어른들의 사정에 맞추어 아이들의 취향과 선호를 타협하거나 외부 업체에 디자인을 맡겨 만들어 낸 공간이 아니다. 각 학년별로 조성된 6개실과 유치원의 1실은 모두 다른 콘셉트를 지니고 있으며 어떤 디자인으로 해야 아이들이 좋아

할지, 어떤 색을 입혀야 도서관에 더 자주 찾아오고 싶은 마음이 들지 처음부터 끝까지 초등학생의 마음이 되어서 하나하나 직접 그려내 가며 만든 결과물이다.

가까우면서도 눈길을 끄는 공간

———   작은도서관은 1층부터 4층까지, 학년별 교실이 있는 복도에 별도로 마련한 전용공간을 말한다. 2층에 있는 본도서관까지 가지 않더라도 교실 문만 열고 나오면 아이들은 책을 볼 수 있는 것이다. 아이들에게 책을 읽고 싶게 만들려면, 그리고 책읽기라는 것을 쉽고 재밌는 일이라고 알려주려면 일단 찾아가기 쉬운 곳에 책이 있어야 했다. 그러니 교실 코앞에 자리 잡은 독서 공간보다 더 접근성이 좋은 자리는 없을 것이다.

그리고 아무리 좋은 자리에 좋은 책을 많이 갖추어 놓더라도 읽을 사람이 찾아오고 싶은 마음이 들지 않으면 의미가 없다. 접근성은 공간뿐만 아니라 작은도서관에 비치할 책에도 적용되는 법칙이다. 일반적으로 도서관에서는 공간의 제약 때문에 어쩔 수 없이 책등이 보이게 책을 꽂는데 책의 앞표지가 보이도록 배치해 비록 놓을 수 있는 책의 수는 적어질지언정 이 공간을 찾아오는 학생들의 눈길과 손길이 한 번이라도 더 책에 닿도록 했다. 책은 깨끗하게 꽂혀 있을 때가 아니라 닳도록 읽힐 때 비로소 빛을 발한다는 것이 예산 보성초 작은도서관의 철학이기 때문이다.

예산 보성초 도서관은 모두 7개 실의 복합독서공간으로 조성되었다. 각각 다른 콘셉트를 지닌 디자인으로 설계하여 2018년 '대한민국 우수시설학교' 대상을 수상했다.

마중물 역할을 하는 공간

───── 나는 2018년 3월 1일자로 예산 보성초로 신규발령을 받았다. 신규 임용된 교사뿐만 아니라 누구든지 다짜고짜 도서관을 새로 만들어야 한다는 말을 들으면 막막하고 갈피조차 잡히지 않는 마음이 들 것이다. 도서관 리모델링을 추진하는 과정에서 나와 꼭 같은 마음일 선생님들을 위해 "어떤 도서관을 만들고 싶은가?"를 먼저 생각해 보시라 조언하고 싶다.

새로 만들거나 아니면 리모델링할 공간의 겉모습부터 정하기보다는 공간의 목적성과 존재하는 이유를 먼저 고려하는 것이 더 바람직하다고 생각한다. 예산 보성초 작은도서관의 경우는 각 학년마다 교육과정과의 연계성을 밑바탕에 둔 구조와 외형을 취하기로 했다. 가령 한글을 처음 배우는 시기가 1학년이므로, 1학년 작은도서관에는 한글의 자모음 형상과 용비어천가에 나오는 '뿌리깊은 나무', '샘이 깊은 물'을 활용한 조형물을 두고, 4학년은 더 넓고 깊은 배움의 세계로 도약하는 시기이기 때문에 모험, 진취의 의미로 바다 콘셉트로 꾸미는 식이다. 기본적인 아이디어가 결정되면 그에 맞는 디자인을 뽑아내기도 한결 쉬워진다.

디자인 측면에서뿐 아니라 새로이 꾸밀 도서관의 쓰임새 측면도 고려하는 것이 좋다. 언제 어느 때나 즐길 수 있는 간편한 독서로도 의미가 있겠지만 여기서 읽은 책 덕분에 다른 책이 더 보고 싶어지는, 더 깊고 더 넓은 독서로 향하는 마중물 역할을 할 수 있다면 더욱 의미가 깊겠다고 생각했다. 그래서 장서를 구성할 때 시리즈물, 같은 작가의 작

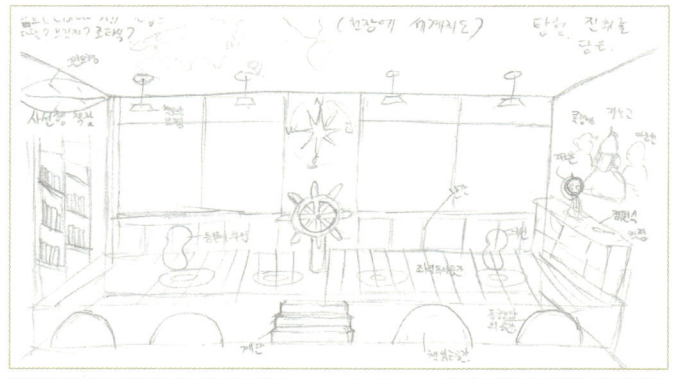

4학년 도서관 구상도와 실제 모습. 학년별로 교육과정 연계성을 두고 서로 다른 콘셉트를 구상했는데 4학년 도서관은 모험, 진취의 의미를 담아 바다 콘셉트로 진행했다.

품, 관련 있는 주제 등 여러 책을 작은도서관에도 배치하고 본도서관에도 두는 식으로 독서의 확장성 역시 작은도서관의 바탕을 이루는 주된 아이디어로 삼았다.

또한 작은도서관에서는 놀이와 독서가 하나이며, 휴식과 독서가 하나가 된다. 책을 읽는 공간이 친구들과 즐겁게 놀고 편안하게 쉬는 공

금산 지구별그림책마을(위)의 그림책 배치 모습. 그림책 표지를 보이도록 배치한 아이디어를 적용하여 벽면에 전시 가능한 책장을 제작했다.

간이 되어 준다면 책읽기를 힘들어 하거나 억지로 읽을 필요도 없다. 책은 곧 놀이의 도구이자 쉼의 동반자가 되는 것이다. 그래서 딱딱함을 주는 요소들을 가급적 배제하고 편안함, 부드러움을 주는 디자인과 소품들을 이용했다.

도서관 리모델링에 관해 스스로 생각해 내는 것이 어렵다면 차용하여 활용할 만한 좋은 사례들이 국내에도 꽤 많이 있다. 예산 보성초 작은도서관에서 심리적 접근성을 확보하기 위해 채택한, 책을 전면배치하는 아이디어는 금산 지구별그림책마을(http://www.grimbook.net/)에서 힌트를 얻었다. 마치 그림을 전시하듯 그림책 표지가 보이도록 배치한 것이 인상적이었다.

그리고 작은도서관이 만들어질 공간에 서버실 문과 소화전이 있었는데 전체적인 분위기와 맞지 않아 디자인을 고민하고 있었다. 그런데 아산 중앙도서관에서 나무로 격자무늬 책장을 짜서 소화전을 마치 인테리어 소품처럼 활용한 것을 보고 힌트를 얻어 적용하기로 했다.

시작부터 마주한 난관

———— 학교급별 혹은 지역별로 편차는 있겠으나 일반적으로 도서관 리모델링 사업에 배정되는 예산은 대략 2천만 원 정도인 경우가 많은데, 예산 보성초 작은도서관 7실을 만드는 데에 투입된 공사 비용은 1억 4,000만 원이었다. 즉 1실당 약 2천만 원 정도의 비용이 들어갔다.

가장 먼저 교육지원청 차원에서 지역 공공도서관과 독서교육에 조예가 있는 선생님들을 중심으로 한 다원적인 TF가 구성되었다. 작은도서관을 각 학년별로 별도의 공간에 별도의 디자인으로 만들고 교육과정과의 연계성을 갖도록 디자인하자는 아이디어는 이때 결정된 것이다. 그리고 금산 지구별그림책마을을 방문한 것도 3월 초의 일이었다.

그런데 TF에서 잡았던 작은도서관 조성 완료 시기는 예산 보성초가 이전 개교식을 치르는 2018년 4월말경이었다. 고작 1달 반 동안 디자인과 설계, 시공, 장서 구성, 소품 배치까지 모두 완료한다는 것은 너무나도 무리한 일정이었고, 당초 목표했던 완공시기까지 이루어진 일이라고는 TF 구성위원들이 낸 아이디어를 바탕으로 각 실별 디자인을 손으로 그려내는 것과 각 학년별로 구성될 장서 목록을 만드는 것이 전부였다.

그리고 설계업체를 구하는 것이 또 다른 큰 난관이었다. 하나의 디자인을 설계하는 것도 아니고 배치와 구성, 치수까지도 모두 다른 7개의 디자인 안을 그대로 반영하여 설계도로 만드는 일은 쉬운 작업이 아니었다.

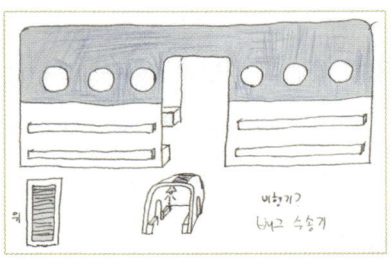
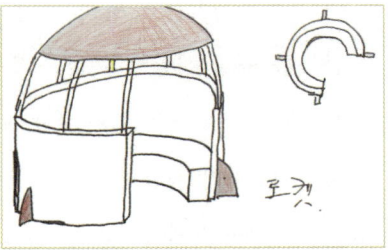

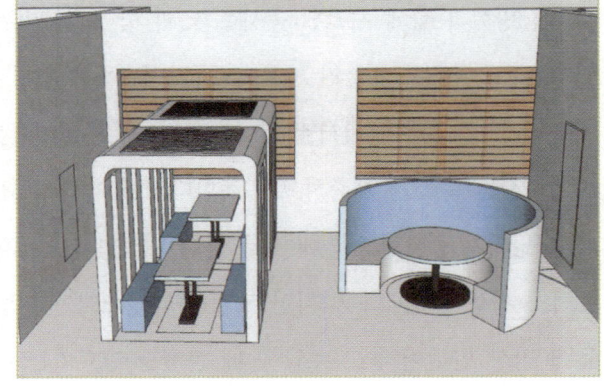

■
TF 구성위원들의 아이디어를 담아 실제로 그린 디자인과 설계도.

우여곡절 끝에 작은도서관 1실당 100만 원의 설계비를 기준으로 7실 전체 설계를 맡아줄 회사를 겨우 찾았다. 설계는 한 번에 확정된 것이 아니고 설계도가 나올 때마다 그때그때 모여 원하는 디자인과 실제 설계가 얼마나 부합하는지를 확인하거나 새로 떠오른 아이디어대로 더하고 빼면서 수정할 부분을 고쳐 가며 작업했기에 기나긴 숙의가 필요했다. 그래서 최종 설계도가 완성된 것이 7월 초였다. 도중에 7개의 디자인 중에 3개의 디자인만 골라 2개씩 6실을 설치하는 것이 어떠냐는 의견도 나왔지만 다행히 원안대로 진행되었다.

설계사와 시공사가 다를 때 교사의 역할

본격적인 공사는 방학 기간 동안 진행하기로 했다. 설계대로 공사를 해줄 시공사를 찾는 것이 문제가 되지는 않을까 했으나 다행히 공사 비용은 넉넉했기 때문에 응찰하는 업체의 수가 수십 군데가 넘었다. 이리저리 표류하던 작은도서관 만들기가 결실을 맺을 수 있으리라는 희망을 갖게 된 첫 순간이었다.

여름방학과 함께 시작된 공사는 낮과 밤, 평일과 주말을 가리지 않았다. 그해 여름은 유달리 가물고 숨 막히도록 무덥기 그지없어서 에어컨을 틀고도 더위가 가시질 않아 공사하는 분들이 많은 고생을 했다. 작업하시는 분들을 재촉하고 독촉한다고 일이 빨리 진행되는 건 아니다. 담당자가 공사현장 옆에 직접 붙어 있으면서 세세한 결정을 내려야 오히려 진행이 빠르다. 디자인과 설계 과정에서는 그럴듯해 보였던 것들이 막상 만들어 놓고 보았을 때 문제를 일으키는 경우가 있기 때문

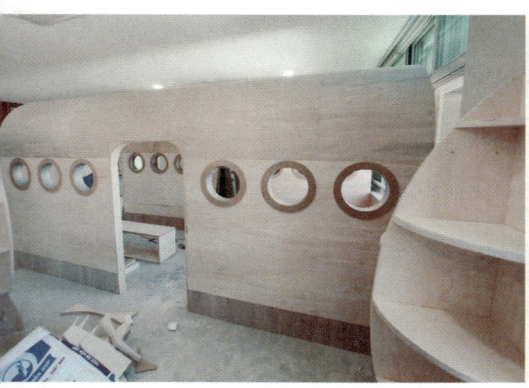

공사가 진행되는 모습. 각각의 콘셉트에 맞게 다른 공사가 진행되었다. 텅 빈 공간은 구조물이 들어서면서 점차 모습을 갖추어 가고 있다.

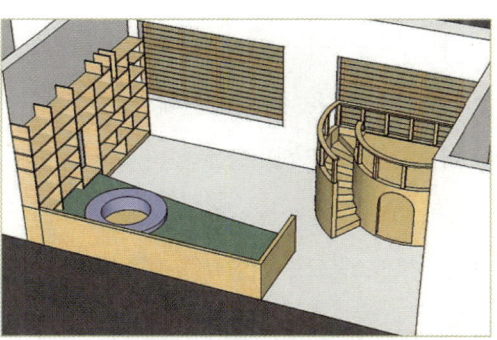

2학년 작은 도서관의 설계도면과 실제 모습. 나무 성벽을 세우고 사과 모양으로 창을 냈으며 다락방 구조물을 설치했다.

이다.

가령 2학년 작은도서관의 경우, 다락형 구조물과 나무 성벽이 주 구조물인데, 만약 공사 당시에 현장에서 벽의 높이를 낮추고 사과 모양 구멍을 내는 쪽으로 결정하지 않았다면 완성 후에 소화전이 제대로 보이지 않는다는 심각한 문제가 생겼을 것이다.

그리고 바닥의 재질이나 어떤 조명을 사용할지, 혹은 칠해야 할 색을 하나하나 지정하는 것도 현장에서 담당자가 해야 할 일이다. 그 밖에도 설계사와 시공사가 달랐기 때문에 생길 수 있는 오차를 통제하기 위한 노력도 필요했다. 7개의 작은도서관을 만들어야 하기 때문에 설계사와 시공사가 달라졌던 예산 보성초의 사례가 특이한 것이겠지만, 이러한 번잡함을 줄이기 위해서는 가능하다면 시공과 설계를 동일한 곳이 주관하도록 하기를 권한다.

아기자기한 소품으로 상상력을 키우는 공간

———— 공사가 마무리되어 가면 이제 도서관에 어떤 것을 채울까를 고민해야 한다. 시공 과정에서 기물들을 만들어 달라고 할 수도 있지만 필요한 모든 것을 만들 수는 없기 때문이다. 기획 단계부터 예쁘면서도 편안함과 즐거움이 있고 그리고 어린이가 마음대로 상상할 수 있는 공간으로 만들고자 했으므로 푹신한 빈백 소파와 아기자기한 소품들이 많이 필요했다. 5000원에서 1만 원 사이의 인형부터 수십만 원이 넘는 기물들까지 마음에 드는 것을 하나하나 찾아내는 일은 보통 노력이 드는 게 아니다.

학교에서 물건을 구입할 때는 나라장터나 학교장터 등 조달시스템의 물품을 우선적으로 고려해야 하는데, 나라장터(g2b)에 올라온 물건들은 가구, 가전 등의 기능적인 측면을 우선시한 제품이 대다수를 차지하기 때문에 아기자기한 물건들을 찾기가 힘들다. 그에 비해 학교장터(s2b)에는 나라장터에 비해서 심미적인 요소가 가미되어 있거나 유치원이나 초등학교의 취향에 알맞은 물건이나 소품들이 더 많으니 구매할 곳을 잘 정하는 것이 중요하다.

비슷해 보이는 제품이라도 분류되어 있는 카테고리에 따라 가격 차이가 많이 나는 경우가 있으니 제한된 예산 내에서 좋은 물건을 구매하려면 이리저리 가격 비교를 많이 해 보는 것이 중요하다. 간혹 물건 값은 10만 원인데 배송비가 15만 원인 경우가 있으니 꼼꼼히 따져 봐야 한다.

그리고 도서관 리모델링을 계획하는 건 일을 맡은 담당자의 일이겠지만 예산을 실제로 집행하는 것은 행정실의 일이다. 예산의 집행과 물품의 구매가 원활하게 이루어지기 위해서는 행정실과의 긴밀한 협조가 필요하다. 당장 도서관 리모델링안의 설계에서부터 소방안전 법조항이나 전기배선구조와 같은 사항들을 검토하고 설계사와 시공사를 물색하거나 입찰을 진행하는 등 행정실의 협조가 없으면 일의 추진 자체가 불가능하기 때문이다. 물건을 구매할 때도 마찬가지이다. 구입처와 필요한 제품의 품번과 스펙, 언제까지 물건이 도착해야 하는지 등의 세부사항들을 물품 구매를 담당하는 담당자에게 정확하게 전달해야 한다.

7개의 소중한 공간을 소개합니다

─── 추석 연휴가 끝날 즈음 작은도서관 공사가 완료되었다. 11월 2일 개관식을 앞두고 남은 문제는 이름을 짓는 일이었다. 1학년 작은도서관, 2학년 작은도서관 이렇게 부르는 것보다는 모두 다른 모습을 하고 있는 만큼 제각각 이름을 붙이는 것이 어떻겠냐는 의견이 매우 타당하다고 생각했기 때문이다.

1학년은 '얘들아, 한글이랑 놀자!', 2학년은 '동화의 탑에는 누가 살까?', 3학년은 '하늘이 보이는 북카페', 4학년은 '신비한 모험의 바다', 5학년은 '오래된 미래', 6학년은 '책읽는 우주정거장'이라 이름 붙였다. 유치원 작은도서관은 '도란도란 이야기숲'이라고 했다. 그저 하나의 공간일 뿐이던 곳에 이름이 생겨났고, 그렇게 작은도서관은 더욱 소중한 곳이 되었다.

1학년 작은도서관 '얘들아, 한글이랑 놀자!'는 한글 자음 ㅁ, ㅂ, ㄱ, ㅌ, ㅍ 모양의 벽 구조물과 앉거나 드러누울 수 있는 ㅎ자 모양 구조물, 그리고 용비어천가의 '샘이 깊은 물'을 형상화 한 ㅇ자 모양의 책상과 가운데에 '뿌리 깊은 나무'를 두고 봄에는 벚꽃잎, 여름에는 초록잎, 가을에는 단풍잎으로 철따라 바꾸어 주고 있다. 보기에 좋지 않던 서버실 벽에는 훈민정음 스티커를 붙였고, 골머리를 썩이던 소화전은 격자무늬 책장으로 덮었다.

2학년 작은도서관 '동화의 탑에는 누가 살까?'는 2층 다락 구조물과 벽이 특징이다. 구조물 1층의 굴방 안에는 빈백 소파와 조명을 설치했다.

3학년 작은도서관 '하늘이 보이는 북카페'는 천장의 텍스를 뜯어내

─── 학교도서관 리모델링

■ 한글 자음 모양을 살려 디자인
한 1학년 작은도서관과 동화의
소재를 살려 디자인한 2학년
작은도서관.

고 카페들처럼 배관구조를 그대로 드러낸 다음 하늘색으로 칠했다. 날씨에 상관없이 고개를 들면 하늘이 보이는 북 카페이다. 별 모양 조명을 띄우고 구름모양 매트와 해님 모양 쿠션도 두었다. 원래는 마을, 캠핑 콘셉트로 하려고 했으나 변경되었다. 그래서 왼쪽에 텐트 모양 철골 구조물이 남아 있다. 결론적으로는 실내 느낌도 나고 실외 느낌도 나는 재미있는 공간이 되었다.

4학년 작은도서관 '신비한 모험의 바다'는 전반적으로 배의 함교 모

천장을 뜯어내 북카페와 같은 느낌을 준 3학년 작은도서관과 탐험을 떠나는 배의 모습으로 디자인한 4학년 작은도서관.

습으로 디자인했는데, 어찌 보면 다리 같기도 하고 어떻게 보면 항구 같기도 하다. 아이들이 이 공간을 마음대로 상상하면서 놀 수 있도록 실제 배에서 사용했던 키를 구입해 벽에 설치했다. 그래서 여름날 학교 앞의 옥수수 밭이 바람에 흔들리는 모습을 보자면 정말 바다 위에 있는 듯한 느낌이 들 때도 있다.

양옆으로 둔 보트 모양 보조책장도 볼거리이다. 바닥에 바닷가 무늬 시트지를 붙이는 아이디어는 광주광역시 광산구 야호청소년문화센터에서 예술 프로젝트로 만든 공간을 보고 아이디어를 따왔다. 어른들이 보기에도 이 공간이 괜찮았던지 개관식 테이프 커팅식을 여기서 진행했다.

5학년 작은도서관 '오래된 미래'는 사람은 책을 만들고 책은 사람을 만든다는 의미를 담았다. 오래된 것은 과거에 쓰인 책이요, 미래는 여기서 책을 읽을 아이들을 의미한다. 아이들이 친구들과 재잘대며 책장을 넘기는 것은 어쩌면 장막을 들추고 우리의 오래된 미래와 마주하는 것일지도 모른다. 한옥의 마루를 그대로 재현했고, 4층이라는 위치상 설치된 안전바가 미관상 좋지 않아 미닫이 창문을 달았다. '오래된 미래'는 교육적인 활용도가 가장 높은 작은도서관으로, 마루와 평상에 아이들을 둘러앉히고 이동식 화이트보드만 있으면 바로 수업을 할 수 있다. 우리나라의 세시풍속이나 속담에 관한 수업을 여기에서 진행한 적이 있다. 실제 항아리를 소품으로 가져다 놓았으며, 댓돌을 놓고 청사초롱을 달아 전통적인 느낌을 살렸다. 이곳도 3학년 '하늘이 보이는 북카페'처럼 천장 텍스를 제거했다. 기와지붕을 시공하기 위해서이다. 색상은 황토벽 느낌이 나도록 칠했다.

전통 기와집의 모습으로 디자인한 5학년 작은도서관과 우주정거장 콘셉트로 디자인한 6학년 작은도서관.

6학년 작은도서관은 '책 읽는 우주정거장'이다. 비행기 모양의 구조물 1개와 로켓 모양의 구조물 1개는 책을 읽을 수 있는 공간이고, 4학년 작은도서관처럼 빨간색과 하늘색 로켓 모양의 보조책장을 제작하여 설치했다. 여기도 천장을 높일까 고민했지만 우주 공간 느낌이 나도록 밤하늘 색을 칠하는 것으로 대신했다. 달과 별 모양의 조명을 설치하고 비행기 조형물 내부에도 실내등을 설치했다. 바닥은 대리석 무늬 타일을 깔았는데, 영화 '인터스텔라'에서 나왔던 얼어붙은 구름이 있는 행성의 모습에서 착안했다.

중학교

아이들을 생각한 복층 구조 도서관
– 서울 항동중 사서 **최은규**

효율적인 서가 만들기와 환경호르몬
– 고양 도래울고 사서 **강유진**

텅 빈 도서관 공간을 채우는 인테리어
– 서울 항동중 사서 **최은규**

아이들을 생각한 복층 구조 도서관

최은규
서울 항동중 사서

* 서울 강남중에서 리모델링을 진행한 내용입니다.

옴짝달싹할 수 없는 좁은 도서관

———— 강남중학교는 서울시 동작구 대방동에 있는 공립중학교이다. 1959년 4월 3일 서울공고의 병설 중학교로 개교하여 1962년 분리되었다. 2011년 2월 28일 신관이 준공되었고 이 건물 1층에 새로운 도서관이 생겼다.

그런데 이 새 도서관은 학교도서관의 역할을 제대로 할 수 없는 상태였다. 서가에는 책들이 청구기호와 상관없이 꽉꽉 채워져 있었다. 바닥에도 3천여 권의 폐기 도서가 여기저기 바구니마다 넘쳐흘렀다. 이런 상황에 국어과의 도서관활용수업은 수요일 하루만 4교시, 나머지 요일은 5~6교시, 때로 7교시까지 꽉꽉 채워 돌아갔다.

일단 바구니에 담긴 책부터 손댔다. 수업 중에는 소리가 나는 바코드 리더기를 사용할 수 없었으므로 등록번호를 일일이 입력하여 폐기처리했다. 수업이 없는 시간에는 청구기호 순서대로 책 자리를 다시 잡았다. 이때 지나치게 많은 복본을 추려냈는데 약 3,500권 정도 되는 책들을 옆 건물 창고로 옮기는 것으로 1학기가 끝났다.

2학기부터는 도서관 이용이 원활해져 정상적인 대출과 반납이 이루어졌다. 2년 뒤에는 도서관활용수업도 정상적으로 운영되어 국어 외 다른 과목도 도서관에서 수업을 할 수 있었다. 무엇보다 사서 고유업무

리모델링 이전의 강남중 도서관. 36명이 앉으면 꽉 차는 도서관은 통로를 지나다닐 수도 없고, 활동 작품은 전시 공간이 부족해 게시판을 이용했다.

를 위한 시간이 확보되었는데 이건 꽤 의미 있는 일이다. 덕분에 자율 독서동아리가 생겨났기 때문이다.

독서동아리는 하나가 꾸려지니 점점 늘어났다. 그런데 도서관이 좁아 한 동아리가 활동하는 동안에는 다른 학생들이 이용할 수가 없었다. 동아리가 여러 개였기 때문에 일반 학생들은 방과 후 도서관 이용이 거의 불가능했다. 불만이 터져 나올 수밖에 없었다.

때로 부득이하게 두 개의 독서동아리가 같이 활동을 해야 할 때는 본관 위클래스를 빌려 활동했는데 이 역시 쉽지 않았다. 도서관은 신관, 위클래스는 본관에 있어 늦은 시간까지 두 곳을 뛰어다니며 각각의 진행을 살펴보는 일은 벅찼다. 동아리 활동의 질이 떨어졌고 무엇보다 학생들의 안전을 담보할 수가 없었다.

그러던 중 도서관에 관심이 남다른 교장선생님, 교감선생님이 차례로 강남중에 오셨다. 특히나 교장선생님은 적어도 하루 한 번씩은 꼭 도서관에 들러 이야기를 나누고 가시는 분이었다. 자리를 차지하지 못한 학생들이 한겨울 차가운 바닥에 앉아 책을 읽는 것도 무수히 보며 도서관을 어떻게 하면 좋을지 늘 고민하셨다.

그러던 중 2014년 12월 16일, 두 분이 함께 도서관을 찾아와 이렇게 말씀하셨다.

"됐어! 우리 도서관 넓게 리모델링하게 됐어!"

알고 보니 교장선생님 덕분에 서울시의회로부터 도서관 리모델링을 위한 3억의 예산을 받게 된 거였다.

발로 뛰며 모으는 아이디어

―――― 겨울방학 동안 우리는 도서관을 복층 구조로 키우기로 의견을 모았다. 사실 뾰족한 다른 방법이 없었다. 중앙계단과 맞붙은 벽으로부터 시작해 건물 모서리까지가 도서관 공간이었기 때문이다. 대신 천장 위 테라스가 있었다. 이곳에 벽을 세우고 천장을 만들기로 했다.

본격적인 도서관 리모델링 준비는 2015년 3월 개학과 동시에 시작됐다. 업무량이 어마어마한 신학기였지만 짬을 내어 다른 도서관을 직접 가 보기로 했다. 기왕이면 복층구조를 가지고 있는 성남고, 숭의여고, 당곡중, 용꿈꾸는작은도서관, 삼청공원 숲속도서관 이렇게 5곳을 골랐다. 미리 전화를 걸어 방문 날짜와 시간을 정한 다음, 쿠키 상자를 들고 차례로 방문했다.

현장 방문은 직접 그곳의 이용자가 되어 볼 수 있다는 큰 장점이 있

리모델링에 앞서 복층구조를 가진 도서관을 견학했다. 왼쪽 위부터 시계 방향으로 성남고 도서관, 당곡중 도서관, 삼청공원 숲속도서관, 용꿈꾸는작은도서관의 모습이다.

다. 의자에도 앉아 보고 서가의 책도 골라 보면 좋은 점과 아쉬운 점이 바로바로 피부에 와닿는다. 이 내용은 사진과 함께 정리하고, 공간마다 아이디어가 돋보이는 부분들은 따로 모아두었다.

관리자로서는 해당 공간이 어떤지 그곳 사서들과 인터뷰도 했다. 사서들의 공통된 의견에 순위를 매기자면 cctv, 미끄럽지 않은 바닥재(특히 계단), 조명, 실속 있는 공간구성, 사서의 업무 공간, 공사과정을 날마다 꼼꼼하게 지켜볼 것 순이었다. 현장 방문을 마친 뒤에는 서울 강남중 학생들과 교직원에게 어떤 도서관을 원하는지 설문조사를 했다.

몇 년간 회의 등으로 봉원중, 신림중, 장승중 등 꽤 많은 학교도서관을 돌아보았다. 이들 학교에 도서관 사진을 부탁한 뒤 모든 자료를 총동원해 강남중 도서관의 리모델링 방향을 잡았다. 1층은 자료실과 열람실로, 여기선 음료나 간식을 먹을 수도 있고 떠들 수도 있다. 2층은 수업공간과 동아리 방으로 도서관을 조용히 이용하길 원하는 사람들의 공간이다.

정리한 자료로 PPT를 만들고 외부위원 컨설팅도 받았다. 각 분야 전문가들의 조언을 듣고 드디어 본격적인 회의에 들어갔다. 5월 21일까지 절차를 밟은 공식적인 회의만 7번, 5월 22일 드디어 설계도가 나왔다. 물론 이 설계도도 여러 번 수정되었다.

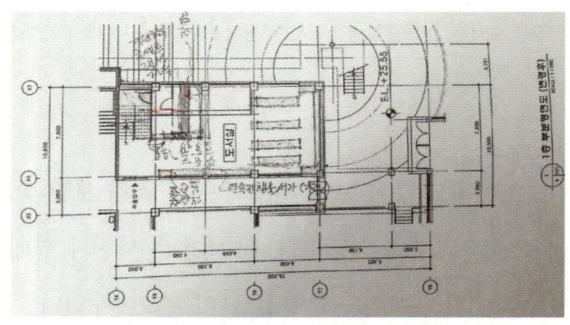

수정을 거듭한 부분 평면도. 평면도를 검토하면서 공간구성 계획을 세웠다. 동선, 수납, 장서 등을 고려해 설계도는 여러 번 수정되었다.

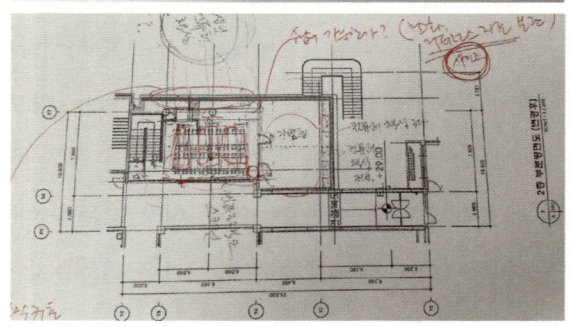

강남중 도서관 리모델링 공사 일정

날짜	내용
2014. 12. 16	도서관 리모델링 결정
2015. 1. 12	제1차 도서관 증축 회의(공간 콘셉트 설정)
2015. 3. 16~3. 18	복층 구조를 가진 학교도서관, 작은 규모의 도서관 탐방
2015. 3. 25	도서관 증축 컨설팅(외부위원)
2015. 4. 15~5. 22	제2차~제7차 도서관 증축 회의. 설계도 확정
2015. 5. 22	1차 설계도 검토
2015. 6. 1	전기배선 담당자 현장 답사
2015. 7. 30	도서관 물품 이동, 진로상담부로 사서의 책상 및 중요 서류 이동
2015. 8. 6	도서관 모든 집기를 서가가 있는 안쪽으로 이동. 비닐 벽 설치
2015. 8. 10~8. 14	안내 데스크 철거. 천장 부분 철거(계단 위치)

빗물에 잠긴 서가와 얼룩덜룩한 페인팅

방학 내내 공사 과정을 지켜보며 공사일지를 기록했다. 딱 사흘을 쉬고 개학식에 출근했는데 서가 아랫부분이 모두 빗물에 잠겨 있었다. 전날 비가 엄청나게 퍼부었는데 뚫어 놓은 천장을 막아놓지 않아 빗물이 쏟아져 들어온 것이었다. 매립식 콘센트에 불이 나지 않은 것만으로도 다행이었다.

부장님과 행정실장님에게 먼저 보고했다. 개학식이 끝나자마자 업체 대표님, 현장 소장님, 새로 전보 오신 교장선생님까지 모두 모여 침수 상황을 점검했다.

무더운 여름이라 젖은 서가에 금세 곰팡이가 피기 시작했는데 공사

강남중 도서관 리모델링 공사 일정

날짜	내용
2015. 8. 17	도서관 침수, 관련자 현장 확인
2015. 9. 25	창문 설치
2015. 10. 6	2층 벽면, 계단 철골 색상 확정
2015. 10. 12	동아리방 신발장, 수납장, 인포 데스크 및 검색대 디자인 확정
2015. 10. 13	동아리방 강화마루 색상 및 열람실 바닥 색상 확정
2015. 10. 14	교감선생님과 동작구의회 의장님 면담, 예산 2천만 원 확보
2015. 10. 15	대청소
2015. 10. 16	교장선생님이 공사현장 보완사항 점검
2015. 10. 16	건설업체 대표와 침수 서가 보수 건 회의
2015. 10. 16	계단 밑 별치서가 설치
2015. 10. 20	인포데스크 현장 제작
2015. 10. 21	준공심사(1차)
2015. 10. 21	건설업체 대표-침수 가구 파악 및 보수 일정 계획
2015. 10. 23~10. 28	침수 서가 수리
2015. 10. 23	전기 및 인터넷 공사
2015. 10. 26	준공심사(2차)
2015. 11. 2	페인팅 과정의 바닥 오염 청소

　는 일단 계속 진행되었다. 외부 공간이었던 테라스에 벽이 세워지고 창문이 달렸다. 천장이 생기고, 바닥이 깔렸다. 1층과 2층을 잇는 계단 철골 위로 색감이 멋진 원목이 얹혔다.

　안내데스크, 검색대 같은 가구 디자인과 페인트 색상 등은 TF팀이었던 미술선생님과 함께 결정했다. 뭔가를 결정할 때마다 소장님은 이

내용을 서류로 만들어 왔다. 그럼 소장님과 내가 함께 확인한 뒤 각각 서명하고 1부씩 나누어 가졌다.

이 과정은 번거롭긴 하지만 매우 중요하다. 공사 내용에 대해 책임감을 갖게 하기 때문이다. 학교 쪽에는 오락가락 쉽게 변덕을 부리지 못하게 하고, 업체 쪽에는 은근슬쩍 공사 내역을 바꿀 수 없게 한다. 강남중의 경우 업체에서 먼저 서류를 제공했는데 만일 업체에서 이 과정을 건너뛰려고 할 경우 담당자가 나서서 꼭 챙기길 바란다.

3월 인터뷰 때 들은 조언대로 공사 과정을 날마다 꼼꼼하게 지켜보는 것도 아주 중요하다. 예측하지 못한 일들이 불쑥불쑥 생겨나기 때문이다. 새로 설치한 방충망이 여러 개 찢겨 있는 걸 발견하거나 일을 너무 성의 없게 하는 분을 만나게 되기도 한다.

강남중의 경우 페인팅은 보통 심각한 문제가 아니었다. 제대로 칠이 되지 않아 온통 얼룩덜룩한 벽면은 실장님, 교감선생님, 나중엔 교장선생님까지 나서서 요청을 해도 좀처럼 보수가 되지 않았다. 게다가 작업 전에 비닐을 깔아두지 않아 바닥에는 수천 개가 넘는 페인트 점이 생겼다. 반복되는 보수 요청에는 고함과 욕설만 돌아왔다. 결국 연말 추경예산으로 바닥재를 교체해야만 했다.

검은 곰팡이가 가득한 서가들은 인테리어 업체 사장님이 직접 확인한 뒤 공장으로 보내졌다. 서가에서 책을 죄다 꺼내는 게 보통 일이 아니었지만 진심 어린 사과 말씀이 있어 기분 좋게 할 수 있었다.

분주한 가운데 교감선생님과 동작구의회를 찾아가기도 했다. 우리 도서관에 무엇이 필요한지 이미지와 설명을 붙인 자료를 만들어 가서

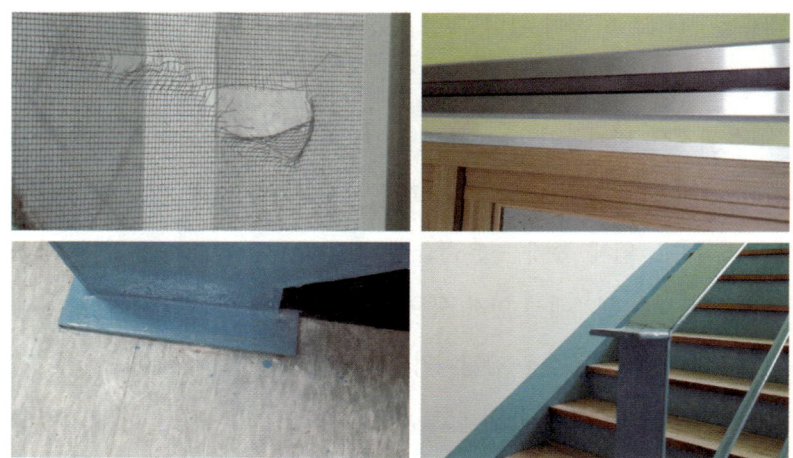

공사 과정 또는 공사 완료 후 발생한 하자 모습. 방충망이 찢겨 있고, 페인트는 얼룩덜룩했으며 바닥에는 페인트 자국이 생겼다. 계단 난간은 날카로워 안전 위험이 있었다.

자세하게 설명하고 2천만 원의 예산을 약속받았다. 얼마나 다행이었는지 모른다. 도서관 리모델링을 하라고 내려온 예산으로는 비품을 구입할 수 없어서 1층 열람실이 텅 비고 2층엔 아무것도 없는 상태였기 때문이다.

구석구석 마무리 작업

공사가 마무리되자 남은 일은 이용자들이 도서관을 편리하고 쾌적하게 이용할 수 있도록 구석구석 손을 대는 일이었다. 이를테면 쏟아지는 햇빛을 블라인드로 막는 것 같은 세심한 마무리 작업이 필요했다. 사서가 자신의 업무를 볼 때 불편함이 없는지도 당연히 함께 고려해야 한다.

　12월 말 동작구의 예산이 나와 겨울방학 내내 품의를 올렸다. 시계를 사다 걸고, 1층에 있던 빔프로젝터와 스크린을 2층 수업공간으로 옮겨 달았다. 2층에는 cctv도 설치했다. 동아리방에서 사용할 낮은 테이블과 방석도 예쁜 것으로 고르고 골라 구입했다. 콘센트 하나 없는 안내데스크에 전기공사도 했다. 1층을 멋스러운 공간으로 만들어 줄 원목 테이블과 의자도 구입했다.

　2층 벽면을 무광 페인트로 칠하는 바람에 채 한 달도 안 되어 학생들 실내화 자국이 말도 아니었다. 닦아 낼 때마다 페인트가 묻어나오기도 했고 얼룩도 남았다. 그냥 둘 수 없어 투명한 친환경 바니쉬를 사다가 칠했다. 남은 바니쉬는 나무 계단에 몇 번 덧발라 주었는데 이렇게 마감하니 청소가 한결 쉬워졌다.

도서관을 2층으로 만들어 주세요!

　강남중 리모델링 기사가 『학교도서관저널』에 실린 뒤 정말 많은 학교로부터 전화를 받았다. 근처 학교는 물론이고 멀리 제주도에서까지 방문을 원한다고 메일과 전화를 주셨다. 연락 없이 불쑥 방문하셨던 분들도 있다. 리모델링 컨설팅으로 찾아온 학교마다 기사를 복사하여 나눠 주신다는 어느 교장선생님 이야기도 전해 들었다. 교육청 연수에 장소를 빌려드렸더니 비품 구입처 등을 적어 간 분들도 여럿이다.

　솔직히 강남중 도서관은 "여긴 보고 가실 만한 것이 정말 많답니다. 어서 오세요."라고 말할 수 있는 곳은 아니다. 규모가 생각보다 그리 크지 않을뿐더러 아기자기 예쁘게 꾸며져 있다거나 세련되고 고급스러운 가구로 채워져 있지도 않다. 첨단을 걷는 기계도 물론 없다. 그래도 이용자들이 요모조모 사용하기 편하고 쾌적하다.

복작복작 도떼기시장 같던 1층은 북카페처럼 이용한다. 2인용 원목 테이블을 구입하여 블록처럼 붙였다 뗐다 자유롭게 자리를 확장할 수도 있고 축소할 수도 있게 했다. 일반 서가와 별치 서가 사이에 테이블이 있기 때문에 금방금방 책을 꺼내 읽기에도 편하다.

여기에선 작은 소리로 떠들어도 된다. 껌을 제외한 음료나 간식을 먹

을 수도 있다. 구석에 비밀 공간도 있어서 혼자만의 시간을 보내고 싶은 학생들이 이곳에서 쉬었다 간다.

1층이 너무 복잡하고 시끄러운 사람들은 2층을 이용하면 된다. 수업을 목적으로 꾸민 곳에서 조용히 책을 읽거나 과제를 할 수 있다. 널찍한 창문 너머로 나무들이, 나무 너머로 운동장이 시원하게 눈에 들어오는 창가 자리는 강남중의 명소다.

동아리방에선 뒹굴거리며 쉴 수도 있다. 한 학급 전체가 회의를 할 수도 있다. 9대의 컴퓨터와 확장이 가능한 낮은 테이블이 마련되어 있

아이들을 생각한 ─
복층 구조 도서관

어 조별 과제도 가능하다. 미리 예약을 하면 이 방을 통째로 빌려주기도 한다.

개관식은 2016년 4월에 열렸다. 초대장은 도서반 학생들이 직접 만들었다. 리모델링에 도움을 주신 많은 분들이 거의 오셔서 축사를 해주었다. 예산 마련에 얼마나 어려운 문제들이 있었는지 축사를 통해서야 비로소 알게 됐다.

상상만 하던 복층 도서관을 현실로 만들어 낸 윤호상 교장선생님(현재 서부교육지원청 교육지원국장)도 오셔서 "도서관이 이렇게 만들어진 것은 모두 사서 선생님 덕분입니다. 아이들을 위해서 내가 무엇을 할 수 있냐고 물었더니 도서관을 2층으로 만들어 달라고 했고, 그 말로부터 이 모든 일이 이루어졌습니다."라는 말씀을 전하셨다.

이 축사에 전적으로 동의할 수 있는 사람은 분명 없을 것이다. 나조차 그렇다. 여러 사람이 두고두고 이 축사에 대해 얘기했다. 심지어 5년이 지난 지금까지도 이 이야기가 나온다. 우리는 모두 아는 것이다. 학교도서관이 그곳에 머무르는 사람들에게 행복한 공간으로 만들어지는 일이 어떤 태도와 가치관으로부터 비롯되는지를 말이다.

효율적인 서가 만들기와
환경호르몬

강유진
고양 도래울고 사서

---
* 고양 행신중에서 리모델링을 진행한 내용입니다.

예산 항목마다 사용 범위가 다르다고?

─── 교육청마다 약간의 차이는 있지만 학교 내 환경개선을 위한 사업비 지원 계획이 있다. 학교도서관 관련으로는 대략 세 가지 종류의 예산을 지원받을 수 있는데, 다음과 같다.

첫째, 신설교의 경우 학교도서관 초기설립에 관한 예산 및 초기 장서지원금을 3년 정도 지원받을 수 있다. 둘째, 초·중·고 학교도서관 환경개선사업 공모를 통해 리모델링 사업비를 지원받을 수 있다.

셋째, 학교 시설 전반을 대상으로 하는 대응지원사업 공모를 통해 학교도서관 시설개선 및 리모델링을 준비할 수 있다. 이때, 반드시 파악해야 할 부분이 있다. 교육청에서 지원된 '예산의 활용 가능 범위'를 제대로 알아야 한다.

고양시 행신중학교 도서관은 위치가 열악했다. 1층 급식실 바로 뒤여서 음식 냄새가 그대로 들어왔다. 게다가 급식차 보관 장소가 따로 없어, 복도 중간에 양쪽을 철창살로 막아 사용했다. 학생들이 도서관에 오기 위해서는 중앙현관을 통해 바깥으로 나갔다가 다른 현관으로 들어와야 했다. 또는 교실 반대편 끝인 서쪽 계단에서 내려와야만 했다.

학교도서관 리모델링을 위해 대응지원사업을 신청하자 실사를 나온 교육청 담당자들은 열악함에 혀를 내둘렀다. 더 볼 것도 없이 대응지원

리모델링 이전의 행신중 도서관. 도서관으로 들어오는 위치가 번거로웠으며 급식실 뒤에 있어 음식 냄새가 도서관에 그대로 들어왔다. 또한 공간이 좁아 이전 리모델링이 결정되었다.

사업 공모 대상학교로 선정되었고, 학교도서관 이전 리모델링이 결정되었다. 새 위치는 1층 서쪽 끝에서, 2층 중앙계단 앞 오른쪽으로 뻗은 곳이었다. 다목적 교실 3칸에 회의실 0.5칸을 합쳐 교실 3.5칸 크기로 이전하기로 했다. 그때는 몰랐다. 대응지원사업 비용도 각 예산 항목마다 사용가능한 범위가 다르다는 것을.

리모델링을 위한 사전준비를 할 때 예산이 아주 많은 건 아니지만, 기본적인 공간구성과 깔끔한 정리 정도는 가능할 거라고 생각했다. 하지만 모두 환상일 뿐이었다. 우리가 신청한 대응지원사업비로 사용 가능한 예산은 시설과 설비 항목뿐이었다. 알고 보니 대응지원사업비 지원에도 다양한 종류가 있어서, 꼭 필요한 도서관 비품과 최소한의 인테리어를 하려면, 비품비로 지출 가능한 별도의 대응지원사업 비품구입 지원예산을 신청했어야 했다. 지원사업이나 공모사업의 서류를 행정실에서 처리하고, 자세한 내용을 공유받지 못해 미처 파악하지 못했다. 물론 신청한다고 100% 선정된다고 할 순 없다. 그러나 최대한 필요한 예산을 확보하기 위해서는 예산의 종류와 범위를 알아두고 지혜롭게 신청하는 것이 중요하다는 사실을 배웠다.

리모델링 공사 모습. 벽을 허물고 기초 공간 구성을 한 다음 페인트 도장 작업을 끝낸 모습이다.

도서관 출입문과 현판. 평면도에서 제대로 확인하지 못해 출입문 위치가 달라졌다. 이미 문을 뚫은 뒤라 어쩔 수 없이 대출데스크 위치를 조정하는 것으로 변경했다.

아찔한 순간, 시행착오를 반복하며

새로운 공간을 구성하기 위해서는 설계가 먼저였다. 교육청에서 지정해 준 설계사무소와 함께 공간을 파악했다. 이전할 공간의 벽 3개를 허무는 작업부터 천장과 바닥 기초공사, 전기 및 배선공사, 출입문 위치 정하기 등 선택하고 결정해야 할 사항이 잔뜩 있었다. 설계도와 평면도는 왜 그리도 낯설고 알아보기 힘든지. 매일 다른 담당자를 만나 의논하고, 선택하고, 보고하고, 결정을 내려야 했다. 준비하는 동안 아찔한 순간도 많았다. 분명 도서관 출입문 위치를 평면도에서 제대로 확인했다고 생각했는데, 막상 공사 진행 상황을 보니 출입문 위치가 잘못 표기된 것을 발견했다. 이미 문을 만들어서 어쩔 수 없이 대출데스크 위치를 옮기는 것으로 조정해야 했다.

전기배선 공사를 할 때도 난감한 일이 많았다. 전기 콘센트는 최대한 많이 만들어 두는 것이 좋다는 조언을 얻어 대출데스크 근처에 콘센트를 여러 개 요청하고, 맞은편 창가 아래도 콘센트 요청을 했다. 그런데 콘센트를 만들어야 할 자리에 벽면 캐비닛이 이미 배치되었다. 결국 캐비닛 하나를 비우고, 안에 구멍을 낸 후 콘센트를 달아야 했다. 예산이 아슬아슬해 천장과 바닥을 평평하게 하는 작업은 포기할 뻔했는데, 설계사무소장님의 도움으로 무사히 할 수 있었다.

다 똑같은 나무가 아니에요

────── 도서관 리모델링을 하면서 서가는 추가로 구입해야 했다. 예산만 가능하면 모두 새로운 서가로 바꾸고 싶었다. 하지만 현실적으로 활용 가능한 서가를 최대한 살리기로 했다. 기존에 사용하던 서가 중 5단 2연 목재 양면 서가 32개, 5단 2연 목재 단면 서가 5개, 3단 2연 라디에이터를 덮는 서가 7개(1개는 수도관 낸다고 뚜껑 파손)만 쓸 수 있었는데, 21,000여 권이나 되는 책을 꽂기에는 턱없이 부족했다.

예산 절감을 위해 생각한 방법은, 기존의 서가 위에 한 단씩 단을 덧대는 것이었다. 6단 2연 목재 양면 서가가 32개, 6단 2연 목재 단면

서가가 5개, 그리고 3단 2연의 라디에이터를 덮는 서가는 파손된 뚜껑 부분만 다시 달았다. 3단 2연 서가 7개는 라디에이터를 감싸는 위치에 다시 두었다. 그렇게 해서 7,500권을 정리할 공간은 확보했다. 나머지 13,000권을 꽂으려면 추가로 서가를 구입해야만 했다. 향후 10년간의 상황을 예상해 보니 앞은 교무실이고 뒤는 계단이라 다시 확장은 불가능했다. 최소 10년 동안은 리모델링을 할 수 없을 거라고 판단했다. 그렇다면 매년 최소 1,000권의 새 책을 사고, 7%의 도서를 폐기한다. 그래도 10년이면 10,000권을 더 정리할 공간이 확보되어야 했다.

그래서 일단 기존 서가를 한 단 위로 올리고, 새로운 6단 2연 양면 서가를 16개 추가했다. 무분별하게 많아진, 복본도서를 정리할 공간을 확보해야 했다. 도서관 벽면을 따라 7단 2연짜리 단면서가들을 추가하기로 했다. 대출데스크 뒤도 단면서가를 추가하되, 수납장 역할도 하도록 문을 달았다. 전자칠판 주변도, 모두 수납장으로 구성하여 멀티미디어 자료 보관장으로 활용했다. 수업공간과 열람공간 사이를 구분하면서, 한눈에 관리가 가능하도록 해야 했다. 윗부분을 투명 아크릴로 구성한 서가도 제작해 아래는 참고문헌과 진로도서를 보관하는 서가로 활용하기로 했다.

여러 업체의 견적을 받는 과정에서도 난감한 상황이 많았다. 게다가 단을 올릴 때 혹시나 안전사고가 발생하지 않도록 추가 판넬 작업을 요청했더니 "서가는 웬만해선 잘 쓰러지지 않는다"라는 대답에 분통이 터졌다. 학생들이 생활하는 공간에서 안전사고 위험을 감수할 수는 없었다. 덕분에 목재에 대해, 깊이 공부하게 되는 계기가 되었다.

이사하면서 청구기호별로 정리한 도서와 새로운 서가의 모습. 벽면에 캐비닛을 설치하고 6단 서가, 7단 서가를 추가해 책을 꽂을 수 있는 공간을 확보했다.

비용과 효율을 고려한 서가 만들기

서가의 선반 두께를 나타내는 단위는 T다. 전문 도서관 가구업체가 아닌 건설회사에서 제작한 서가의 경우, 선반 두께가 보통 18T 정도 된다. 여기서 18T는 180mm/1.8cm를 의미한다. 비전문업체인 건설회사에서 만든 서가는 두께가 아주 얇다 보니 수명이 짧다. 무거운 양장본이 아닌 무선제본 단행본을 올려두었는데도, 5년도 안 되어 서가의 중앙 부분이 아래로 휘어 버렸다. 예산이 아무리 부족해도 금방 망가질 서가를 살 이유는 없다. 비용만 생각하다 나중에 후회하지 말고 반드시 도서관 전문 가구업체의 서가를 선택하는 것이 좋다.

도서관 가구 소재별 특성

소재	원목 (라왕[나왕] 집성목)	PB (Particle Board)	MDF (Medium Density Fiber Board)
두께 (단위: T)	30T(3cm)	25T(2.5cm)	23~25T (2.3~2.5cm)
소재 설명	열대숲을 구성하는 주요 수종으로 소프트목에 속함	원목의 폐자재를 활용한 제품으로 원자재를 분쇄하여 재구성해 샌딩마감	목재의 섬유질을 쪄서 부드럽게 한 후 왁스를 배합, 고압 성형한 판재
소재 특징	• 튼튼하고 내구성 강함 • 가공이 쉬움 • 수축 팽창이 적어 가구제작에 많이 사용됨 • 가공할수록 색이 아름다워짐	• 휨과 비틀림이 비교적 적음 • 값이 저렴하고 실용적 • 내구성이 약함 • 방음, 흡음 효과가 적음	• 부드럽고 밀도가 정밀하여 가공용이 • 표면과 두께가 일정하여 표면에 가공 및 직접 도장 가능 • 습기에 약함
원자재 사진			

라왕집성목 서가는 사진으로 보기에도 이미 두께부터가 다르다. 원목(집성목 등) 서가의 기본 두께는 최소 28~30T부터 시작한다. 눈으로 확인해도 두께감이 상당하다. 백과사전이나 세계명작전집 등 양장본 책을 10년 넘게 보관해도 끄떡없을 것 같았다. 안전사고 문제에 민감한 요즘, 좋은 원목으로 만든 서가가 아무래도 가장 튼튼하고 안전해서 좋다. 물론 원목을 사용하다 보니 다른 서가에 비해 비용이 비싼 편이다. 그럼에도 불구하고 예산이 허락한다면 원목 서가를 마련하는 것이 내구성 면에서는 가장 뛰어나다고 할 수 있다. 무거운 책을 많이 그것도 장기간 보관해야 하는 도서관에는 가장 잘 맞다. 고비용이지만, 고효율을 보장받을 수 있다.

요즘은 철제와 원목을 결합하여 만드는 서가도 많이 개발되어 나오고 있다. 두 가지의 다른 방식을 소개하면, 먼저 'PB 방식'은 기존의 원목 폐자재들을 고열로 왁스와 흡착하여 재구성한 것이다. 우리가 흔히 보는 부엌가구에 PB 방식이 많이 사용된다. 물에 닿으면 쉽게 분해되는 단점이 있다.

최근 'MDF 방식'을 차용하여 만드는 서가가 새롭게 등장했다. MDF 서가는 기본 뼈대를 나무로 하되, 철제를 추가해 100% 원목 서가가 지나치게 무겁다는 단점을 보완한다. 비용면에서도 절약이 가능하여 각광을 받고 있다. MDF의 기본 선반두께는 25T이다. 원목서가보다는 얇지만, 철제를 사용했기 때문에 내구성에 있어서는 튼튼하게 유지가 되는 편이다. 물론 원목만큼의 내구성은 아니지만 학교는 항상 예산이 부족하기 때문에 학교도서관 리모델링시에 많이 사용할 수 있는, 훌륭하

다양한 두께와 재질의 서가. 왼쪽부터 비전문업체의 약하고 얇은 서가, 두께 30T의 라왕집성목 서가, MDF 25T 서가의 모습이다.

고 안전한 대안이라 할 수 있다.

철제로 받침이 들어가지만 두께가 너무 얇고 서가 한 칸당 폭이 넓을 경우, MDF는 여러 해가 지나면 휘어질 위험이 생긴다. 이것을 보완하기 위해 25T 미만일 경우 서가 한 칸의 폭을 줄이는 방법도 있다. 보통 서가 한 칸의 기본 폭은 75~80cm 정도인데 23T 서가의 기본 폭을 65cm로 줄이면 휘어짐을 예방할 수 있다. 그런데 도서관을 운영하는 사서의 입장에서는 서가의 폭이 좁아질 때 장단점이 있다. 주제 배분할 때, 서가의 폭을 고려하여 권수를 조정해야 하기 때문이다.

정리하자면 도서관 가구는 '이용자들이 도서관을 이용할 때 안전하게 이용 가능한가?', '장기간(최소 10년 이상) 책의 무게와 하중을 견딜만큼 튼튼한가?', '도서관의 전체적 분위기와 기존 서가와 잘 조화가 되는가?'를 따져 보아야 하고, 서가가 안정적으로 바닥 혹은 벽면에 잘 고정되는지, 서가 선반은 충분히 두께가 있는지, 서가 선반의 위치 조정이 용이한지, 선반 핀이 잘 고정되어 빠지지 않는지 확인할 필요가 있다.

따듯한 햇살이 넘쳐 흐르는 공간

리모델링을 모두 끝내고 11월 첫 주 개관식을 준비했다. 전교생과 전교직원이 참여해 새 도서관 이름을 지었다. 도서관에 걸 현판도 직접 디자인해서 만들었다. 10월 한 달간은 2만 권의 책을 꽂으면서, 매일 모든 창문을 활짝 열어 놓고 환기했다. 양파를 잘라 종이컵마다 넣어 두고, 독한 냄새를 날리려고 애썼다. 고려하지 못했던 사항이 있다면, 이전한 도서관에 있던 냉난방기가 아주 오래되어 냉방만 된다는 것이었다. 양파와 창문을 여는 환기만으로는 한참 부족했다. 냉방기 교체는 내용연수가 끝나는 2년 후에나 가능하다고 했다. 교실 3칸 반 크기의 공간에, 난방이 되는 유일한 난방기는 0.5칸짜리 냉난방기 하나뿐이었다.

난방을 틀어 독한 새 가구 냄새를 한 번에 날리는 Baked Out도 하지 못했다. 환경호르몬 처리업체에서는 Heating을 한 후, 강풍기를 이용하여 날리는 방식으로 환경호르몬을 없앤다고 했다. 40평의 일반 가정집을 환경호르몬 처리하는 데 드는 비용이 평당 1만 원 정도였다. 도서관 리모델링시 받은 예산 중 일부가 남았지만, 환경호르몬 처리 비용으로는 쓸 수 없었다. 기존에 도서관으로 사용했던 공간에 벽을 다시 세우고 정리하는 비용이 필요했기 때문이다.

독한 가구 냄새를 1년 반 동안 온몸으로 마시고, 건강 악화로 제대로 일을 할 수 없게 되어 애써 리모델링을 해놓고 2년도 못 되어 학교를 옮겨야 했다.

그럼에도 불구하고 도서관 리모델링 이후 가장 좋아했던 건 물론 아이들이었다. 5단 서가를 6단으로 바꾸었고, 교실 3칸이 조금 못 되던 도서관이 3칸 반으로 늘어났다. 벽면서가 배치로 빈틈없던 서가가 여유로워져 책을 고르고, 정리하기에도 훨씬 수월했다. 서가 사이를 지날 때마다 서로 부딪칠 정도로 좁았던 통로도 부딪치지 않고 지나갈 수 있었다. 전체적인 배치가 시원시원해졌고, 가구색도 밝은 톤으로 통일되어 분위기가 밝아졌다.

리모델링 후 개관하는 날, 한 학생이 이렇게 말했다.

"선생님, 도서관이 구멍가게에서 백화점이 된 것 같아요."

무엇보다 큰 변화는 구석에 있던 도서관이 중앙으로 진출한 것이었다. 리모델링 전에는 쉬는 시간 도서관에 오자마자, 교실이 멀어 올라가야 한다고 슬퍼하던 아이가 있었다. 그 아이가 새 도서관은 중앙계단으로 10초면 내려올 수 있다고 신이 난 듯 말했다. 리모델링 전 도서관은 우울하고 약간은 어두침침하고, 습하고 급식실 냄새로 가득했던 공간이었다. 그런데 리모델링 후 도서관은 환해지고, 밝아지고, 따뜻한 햇살이 넘쳐흘렀다.

새도서관증후군을 겪는 사서 선생님

도서관 리모델링을 하면서, 사서이면서도 서가에 대해 정말 모르고 있었다는 사실을 깨달았다. 서가에 대해 공부하면서 이 내용을 여러 사서 선생님들과 꼭 함께 나누고 싶었다. 학교도서관 리모델링이 많이 이루어지는데, 시행착오를 줄이고 보다 효율적이고 전문적인 학교도서관 리모델링을 위해서는 서로의 경험에서 배워야 한다.

리모델링을 끝내고 개관식과 함께 개관 인문학 특강을 진행하는 모습이다.

고양 행신중 도서관 리모델링에서 내가 배운 것은 바로 환경호르몬 처리에 관한 부분이다. 아무리 좋은 원목과 가구를 사용해도, 가구를 만드는 데 사용되는 접착제, 광택제 등에서 환경호르몬이 발생한다. 그로 인해 리모델링 이후 새집증후군처럼 새도서관증후군을 겪었다. 실제로 학교도서관 리모델링 이후 새도서관증후군을 겪는 사서 선생님들이 아주 많다. 학생들도 환경호르몬에 장시간 노출되면 위험하고 건강이 악화될 우려가 높다. 그러므로 학교도서관 리모델링 후 환경호르몬 처리는 반드시 시행되어야 한다.

    또한 리모델링을 진행하면서 전문가인 사서의 의견과 다른 영역 담당자들의 의견이 상충할 때마다 답답함을 느꼈다. 각자의 영역을 존중하고, 필수적인 것은 요구하고, 조정할 부분은 논의하면서, 공간을 구성하는 과정이 꼭 필요하다.

    학교도서관은 기본적으로 학생들을 위한 공간이 되어야 한다. 그리고 교수학습뿐만 아니라, 쉼과 새로운 배움을 위한 공간이어야 한다. 각 학교에서도 이러한 본래의 목적과 중심을 잃지 않는 현명한 리모델링을 하길 바란다.

텅 빈 도서관 공간을 채우는 인테리어

최은규
서울 항동중 사서

공간의 장단점 찾기

———— 항동중학교는 서울시 구로구 항동에 있는 공립중학교로 2020년 3월 1일 개교했다. 전보 발령을 받은 2월, 항동중학교는 공사 마무리 중이었다. 도서관 공간은 다 만들어져 있었다. 2층 가운데에 자리잡고 있었고 3면이 창과 문이라 바람이 잘 통하는 곳이었다. 동쪽·서쪽·북쪽 3면이 유리벽, 유리문, 유리창으로 되어 있었다. 크기는 교실 4칸 정도로 직사각형 형태였는데 북쪽 끝부분엔 복도 공간이 들어가 조금 더 넓었다. 냉난방기, 조명등 등 모든 스위치는 남쪽 벽면에 한데 모여 있었다. 북쪽 끝부분에 외부로 나가는 유리문이 있는데, 널찍한 테라스와 이어졌다.

나는 2015년에 강남중학교에서 도서관 리모델링을 진행했다. 그 뒤 새로 만들어지는 도선고와 금호고 학교도서관 컨설팅에 참여한 적이 있다. 도움이 필요하다는 말에 참여한 것인데 오히려 나에게 큰 도움이 됐다. 해당 학교 선생님들과 각 분야의 전문가로 꾸려진 컨설팅 위원들이 함께 공간을 분석하고 의미 있게 살려내는 과정을 구체적으로 체득할 수 있었던 것이다. 그러한 경험을 잘 살려서 공간구성을 한다면 항동중 도서관의 빈 공간이 매력적인 공간으로 변신하는 데 많은 도움이 될 것 같았다.

예산에 맞춘 적절한 공간구성

3월 2일 출근해 가장 먼저 확인한 것은 예산이다. 비품구입비 3천만 원, 일반수용비 1천만 원, 도서구입비 1,250만 원이 전부였다. 일단 건설업체로부터 도서관 구역에 해당하는 설계도를 받아와 20장 복사했다. 비품의 가격도 찾아봤다. 그런 다음 설계도 위에 예산에 맞는 여러 비품 조합을 그려 보고 그중 다섯 장을 골라냈다. 우리는 도서관을 크게 네 영역으로 나누기로 했다.

공간구성 계획

영역		내용	비고
안내 데스크		교실과 가까운 쪽 문 가까이 설치	제작
		사서 + 도서반 학생 2인이 앉을 수 있도록 디자인	
		데스크 뒤로 가벽을 세워 창고로 사용	
자료실		예산과 장서보유량을 고려하여 서가는 절반(5개)만 설치	구입
		공간의 폭을 고려하여 3연 6단 복식 서가 구입	
열람실	1	편안하게 쉴 수 있는 공간으로 구성	구입
		– 서가 절반(5개)이 덜 들어온 빈 공간 활용 – 1인용 소파로 구입하여 추후 서가가 늘어날 때마다 이동 배치	
	2	수업공간으로 구성	
		– 빔 프로젝터, 음향시설, 영상 스크린, 6인용 테이블(6개)	구입
		– 화이트보드(반광 법랑 칠판) 설치, 컴퓨터·컴퓨터 책상	구입&제작
기타 별치 자료		동쪽 창문 아래 유리벽 부분에 신간 및 참고자료 별치 서가	제작
		인포메이션 데스크 옆에 윤독도서 별치 서가	제작
		멀티미디어 서가	구입
		연속간행물 서가	구입

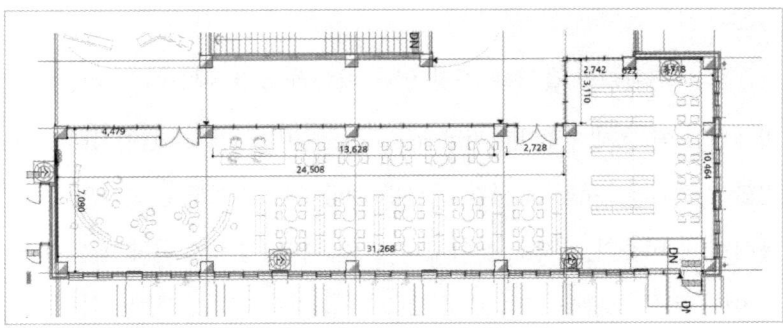

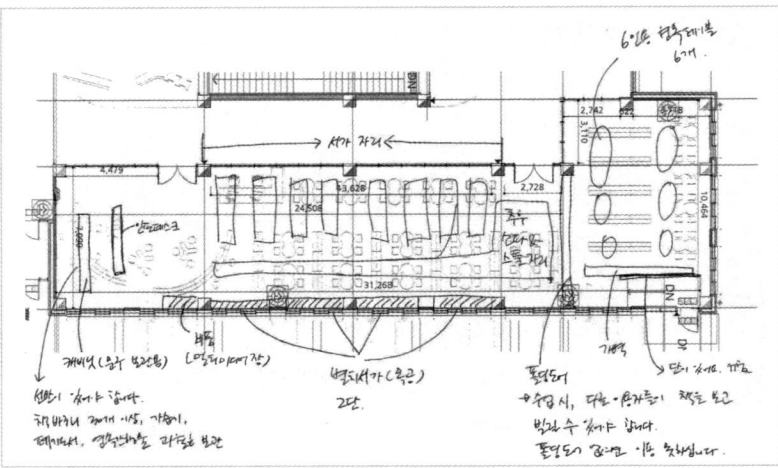

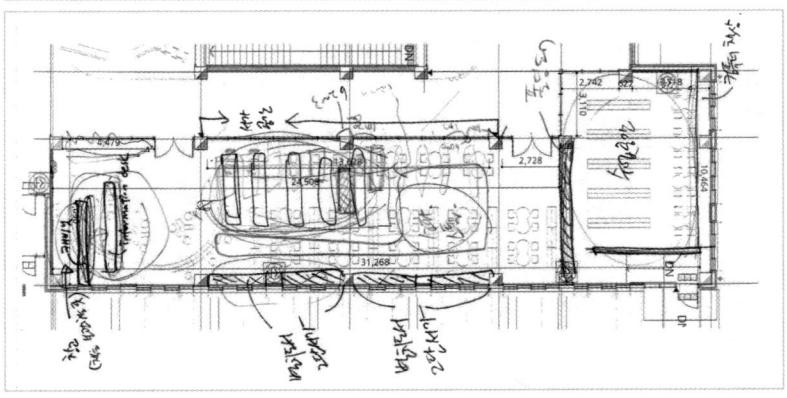

▬
수정 지시를 적은 설계도면. 기본 설계도를 여러 장 출력하여
공간구성 및 비품 배치 모습을 직접 그려 보며 수정했다.

이 무렵 뜻밖에 좋은 소식을 들었다. 학교를 짓는 예산이 조금 남아 도서관에 필요한 인테리어 공사를 해줄 수 있다는 거였다.

어디에 무엇이 들어가야 할지 인테리어 업체에 구체적으로 설명했다. 설명을 깔끔하게 반영한 설계도도 전달했다. 그런데 업체에서 엉뚱한 디자인을 만들어 왔다. 설명하고 확인하는 과정을 다시 거친 다음 공사가 시작되었다.

무빙월

폴딩도어가 있으면 도서관 활용수업 중에도 다른 사람들이 도서관을 이용할 수 있다. 인건비를 고려하여 바닥에 레일을 매립하지 않아도 되는 여러 예를 찾아 이미지도 보냈다. 그런데 업체에서는 꾸준히 무빙월을 권유했다.

실제 사용하고 있다는 유치원에 가서 직접 사용해본 뒤에 확답을 주기로 했는데 어느 날 갑자기 무빙월이 설치되고 있는 장면을 지나가다 우연히 발견했다. 무빙월은 이름 그대로 움직일 수 있는 벽이다. 원하는 대로 공간을 분리할 수 있다는 장점이 있지만 사용에 시간과 힘이 꽤 든다.

가벽

수업공간에는 수업에 집중할 수 있도록 가벽을 세웠다. 유리벽을 통해 훤히 보이는 외부 환경을 가리고 안쪽에 칠판, 전동 롤스크린, 스피커를 설치하여 활용도를 높였다. 가벽 윗부분이 뚫려 있어서 단초점 빔

무빙월과 가벽 설치 모습. 무빙월은 천장에 걸려 있는 문을 양손으로 잡고 이동시켜 원하는 대로 공간을 활용할 수 있다는 장점이 있다. 가벽은 외부 환경을 차단하고 실용성을 높이기 위해 수업공간과 안내데스크 뒤쪽에 설치했다.

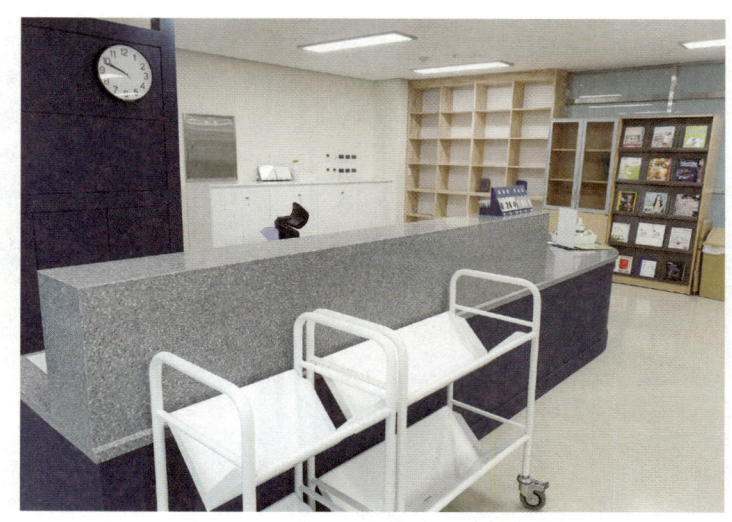

안내데스크는 사서뿐 아니라 도서반 학생이 이용할 수 있는 크기로 만들었다.

프로젝터 설치는 불가능했다. 어쩔 수 없이 장초점 빔프로젝터와 스크린을 설치하게 되었다. 안내데스크 뒤로도 가벽을 설치하여 창고를 만들었다. 여기엔 소형 냉장고와 작업대가 있다. 계절가전이나 폐기도서를 보관할 수 있도록 선반도 짜 넣었다.

안내데스크

도서반은 봉사날이 아니더라도 늘 도서관에 온다. 따라서 안내데스크는 3~5인이 함께 앉을 수 있는 크기로 고무나무 제작을 결정했다. 그런데 이것 역시 어느 날 합판으로 제작되고 있는 우연히 현장을 목격했다. 상판도 우리가 결정한 것보다 어두운 색으로 얹혀졌다.

창가 쪽에 제작한 별치서가. 책장과 책상 등은 일부 제작했다. 별치서가는 햇빛이 들지 않도록 제작했으며 서가 위는 전시공간으로 활용할 예정이다.

별치 서가와 컴퓨터 책상

서울 항동중 도서관은 길고 폭이 좁아서 별치 서가를 배치할 만한 공간이 적절치 않았다. 그래서 동쪽 유리창 아래 유리 벽 부분에 서가를 짜 넣었다. 이 역시 고무나무로 만들기로 했으나 멀바우로 만들어졌다. 수업공간의 기둥 사이를 이용하여 컴퓨터 책상도 짜 넣었는데, 이곳 역시 자재가 바뀌었다. 공사 전에 양측의 결정내용을 문서화시키고 사인하여 나누어 갖는 절차를 반드시 밟아야 하는 이유가 여기에 있다.

공사가 약속과는 다르게 진행되는데도 손을 쓸 수 없었던 이유는

2020학년 3월의 특수한 상황에 원인이 있다. 코로나19로 학교가 텅 비고 사서들은 무급 '출근 의무 없음' 상태가 되었다. 이 상태가 언제까지 계속될지 알 수 없었기 때문에 일주일에 이틀씩만 출근하면서 그 외에는 집에서 일을 처리했다. 공사과정은 담당자가 그 현장을 매의 눈으로 날마다 책임감 있게 관찰해야만 한다.

공간에 필요한 적절한 가구 고르기

———— 비품을 구입할 때는 행정실의 친절한 설명이 필수적이다. 구입 절차 등의 행정적인 내용은 행정실 고유업무이기 때문에 사서들은 정확히 알 수가 없다. 서울 항동중의 경우 교감선생님의 안내대로 학교도서관 운영위원회에서 나라장터 물품 중 몇 가지를 비교하여 총점을 낸 뒤 구입하는 과정을 거쳤다.

잘 알려진 바와 같이 조달청 비품 가격은 대체로 시중보다 많이 비싸다. 여기에 조달 수수료까지 붙는다. 일례로 3연 6단 복식서가 5개를 나라장터에서 구입하면 시중 전문업체 견적가보다 거의 400만 원을 더 지출해야만 했다. 앞으로 5개를 더 구입해야 할 텐데 그럼 800만 원 가까운 거액이 하릴없이 사라지는 셈이다. 색깔, 소재, 특장점 같은 상품 정보를 쉽고 꼼꼼하게 취할 수 없다는 점도 큰 단점이다. 꽤 치명적인 이런 단점들이 하루빨리 보완되어 흔쾌히 그리고 기꺼이 조달 물품을 구입할 수 있게 되기를 바란다.

추후 서가가 더 들어올 자리엔 당분간 소파를 두기로 했다. 부족한 열람석을 보충할 필요도 있었기 때문이다. 소파는 서가가 하나씩 늘어

1차 리모델링이 끝난 도서관 모습. 정보검색대는 스탠딩으로 설치했다. 예산 부족으로 서가는 절반만 구입하고 남은 자리에 1인용 소파와 테이블을 두었다. 컴퓨터 책상은 본체 자리가 너무 좁게 제작되어 컴퓨터 구입에 어려움을 겪었다.

날 때마다 융통성 있는 이동 배치가 가능하도록 1인용으로 선택했다. 별치서가 앞으로 이동되었을 때 자료를 가리지 않도록 테이블도 낮은 것으로 골랐다.

  2월 말 공간분석부터 시작된 서울 항동중 도서관 꾸리기는 6월말 1차 완료되었다. 예산이 말끔하게 정산되는 대로 컴퓨터, 스툴, 도서 거치대 등등을 마련하면 예산을 모두 쓰게 될 것이다.

  애초의 계획대로 공사가 이루어졌더라면 현재의 도서관은 더 아늑하고 쓰기에 편리한 장소가 되었을 것이다. 하지만 지금 현재로도 괜찮다. 소소한 것들이 구비되면 도서관이 더 도서관 같아질 것이다.

  뭐니뭐니 해도 더 채워지길 간절하게 바라는 건 자료이고 이용자이다. 여기에 왔던 모든 이들이 '아, 거기서 좋은 시간 보냈었지!' 했으면 참 좋겠다.

고등학교

복합문화공간으로 변신한 꿈너머꿈 도서관
— 춘천여고 국어교사 **임다희**

좁은 도서관 공간에 꼭 맞는 맞춤형 가구
— 대구 다사고 사서교사 **강봉숙**

학교도서관 감성화사업으로 달라진 공간
— 횡성여고 사서교사 **이현애**

미래를 품는 공간으로 변신한 학교도서관
— 창원명지여고 사서교사 **황혜란**

복합문화공간으로 변신한 꿈너머꿈 도서관

임다희
춘천여고 국어교사

새로운 도서관 공간을 찾아서

───── 2015년 춘천여자고등학교에 전입해 도서관 업무를 맡게 된 나는 학교도서관을 보러 간 첫날 꽤 많이 놀랐다. 춘천여고는 당시 지은 지 3년 정도 된 신축 건물이었는데 도서관은 교실 2칸 크기에 오래된 서가와 대출반납대, 열람용 책상과 의자 몇 개가 놓여 있는 것이 전부였다. 서가가 놓인 공간을 제외하고 남은 반쪽 공간엔 4인용 열람 책상 2개와 대합실 의자를 연상시키는 연결 의자가 몇 개 놓여 있었다. 33학급 규모에 학생 1,200여 명이 이용해야 하는 학교도서관치고는 너무도 비좁았고 대출반납 기능 외에 독서 관련 활동을 거의 하기가 어려운 열악한 환경이었다.

그날부터 도서관 리모델링의 필요성을 절실히 느끼게 되었다. 그런데 장기적인 관점에서 볼 때 기존 도서관 내부를 리모델링하기보다는 넓은 공간으로 확장 이전하는 획기적인 변화가 필요하다고 생각했다. 그럼 도서관을 이전할 만한 공간을 찾아야 하는데 유휴공간이 없어 기존의 용도를 변경할 수 있는 곳을 찾는 것이 문제였다.

'도서관을 반대한다'는 목소리

───── 도서관 바로 옆에는 교실 8칸 크기(544㎡)의 넓은 공간이 3

학년 면학실(자율학습실)로 사용되고 있었다. 그런데 3학년 면학실 이용 시간이 평일엔 심야 1시간 정도이고, 이용률도 총 좌석의 30% 이하였기에 아까운 공간이 효율적으로 이용되지 못하고 있어 늘 안타까웠다. 건물 신축 당시에 도서관으로 설계되었던 장소였는데, 그동안은 3학년 면학실로 용도를 변경했던 것이다.

도서관과 3학년 면학실의 위치를 바꾸는 것으로 이야기가 나오자 일부 교사와 학생들이 반대하고 나섰다. 학교 구성원의 공감과 합의가 있어야 방향을 정하고 일을 추진할 수 있는데 의견이 갈리다 보니 일은 더 이상 진척되지 못했다.

도서관 확장 이전에 대한 본격적인 논의가 시작된 건 2016년 9월 교장선생님이 새로 부임하면서였다. 독서교육과 학교도서관의 의미와 가치를 중요하게 여기는 분이었다.

그대로 면학실로 두어야 한다고 생각하는 교사들도 여전히 있었지만, 많은 교사들이 도서관 확장 이전에 대해 공감하고 받아들이는 분위기가 되면서 교직원 합의는 별 문제 없이 이루어졌다. 그런데 전혀 예상치 못했던 큰 사건이 기다리고 있었다.

2017년 4월 말경 '면학실 폐지 반대'라고 쓴 포스트잇이 3학년 면학실 출입문에 잔뜩 붙었다. 공간의 효율적 재배치를 위해 면학실과 도서관의 위치를 맞바꾸는 일이었으나 '면학실을 아예 없애 버린다'는 오해가 학생들 사이에서 SNS를 통해 순식간에 퍼져나가면서 3학년 학생들을 중심으로 급기야 '도서관을 반대한다'는 목소리가 터져 나왔다.

학생들의 도서관 반대라니! 학생들에게 기쁜 선물이 되리라고 생각

3학년 면학실 출입문에 붙은 도서관 반대 포스트잇과
리모델링 이전 교실 두 칸 크기의 춘천여고 도서관.

했던 도서관인데 반대는 꿈에도 생각해 본 적이 없었다. 입시에 민감한 3학년 학생들의 불안감과 긴장감이 그런 상황으로 몰아갔을 것이다. 몇 차례에 걸쳐 학생들과 대화의 장을 마련하고 면학실을 없애는 것이 아니라 이전하는 것이라고 알려 주어 한 달이 지나서야 사건은 일단락되었다.

하지만 학생들이 포스트잇에 적은 감정적인 문구들은 비정상적이리만큼 성적과 대학 입시로만 향해 있는 우리 교육의 현실이었다. 그 말들은 그대로 상처가 되었고, 답답함과 서글픔도 밀려왔다.

리모델링도 돈이 있어야

　　　　강원도 교육청은 학교도서관 환경개선사업 공모를 통해 매년 20~28개 초·중·고교에 도서관 리모델링 사업비를 지원하고 있다. 필요한 예산을 충분히 지원하지 못하는 한계가 있지만 열악한 도서관 환경을 개선함에 있어 가뭄에 내리는 단비처럼 소중한 사업이다. 이 사업은 해마다 2월 초에 공문이 내려오는데 2월엔 졸업식과 종업식, 교사의 내신발령 등으로 학교가 좀 뒤숭숭하기도 하고 신년도 도서관 담당교사가 확정되지 않은 시기라 자칫 예산신청 시기를 놓치기가 쉽다. 도서관 환경개선사업 계획이 있는 학교에서는 매년 1월 말~2월 초에 예산 신청 공문이 내려오는 때를 놓치지 말고 눈여겨볼 일이다.

　　도서관 리모델링 사업은 필요성과 의지만으로는 진행될 수 없다. 두말할 필요 없이 예산이 있어야만 가능하다. 그런데 도교육청 지원비만으로는 시설공사를 비롯한 획기적인 리모델링이 현실적으로 불가능하다. 교실 8칸 크기의 공간 리모델링은 훨씬 더 많은 예산이 소요되는 사업이라 예산 확보가 무엇보다 시급했다.

　　춘천여고의 경우 도교육청에서 1차로 받은 지원금으로는 예산이 많이 부족했다. 부족한 예산에 맞춰 공사를 진행하게 되면 단가가 낮은 자재를 쓰게 될 확률이 높고, 도서관에 비치할 가구와 각종 비품들도 원하는 디자인이나 성능으로 구입할 수가 없어 소위 '날림 공사'가 될 게 뻔했다. 부족한 예산 마련을 위해 여러 차례 총동문회장님과 도의회 의원님 등을 만나 사정을 알리고 예산 지원의 필요성을 간곡히 전하면서 부족했던 예산을 마련할 수 있는 길이 열리게 되었다.

학교도서관 리모델링 추진 일정

일시	내용
2017. 5. 30	학교도서관 환경개선 지원비 교부
2017. 6. 11	춘천 지역 최근 리모델링 도서관 견학 - 춘천교육문화관 도서관, 신사우도서관
2017. 6. 12~6. 19	신축 및 선진도서관 사진 자료 수집 - 국립세종도서관, 지평선학교도서관, 강원진로교육원
2017. 7. 4~7. 18	서울 지역 선진도서관 정보 수집 견학 - 송곡여고, 중대사대부고, 숙명여고, 구산동도서관마을 파주출판단지 '지혜의 숲', 퍼시스 쇼룸 전시장, 강원진로교육원 견학
2017. 8. 25	도서관 리모델링 공사 설계업체 선정(수의 계약)
2017. 8. 30~9. 15	설계사 학교 현장 방문을 통한 1차, 2차 협의 (도서관 공간구성 주안점 설계 반영 요청)
2017. 9. 15~11. 30	설계도 기본 시안 완성 1차, 2차 협의를 통한 변경 사항 요청 후 설계도 완성
2017. 12. 4~12. 12	도서관 리모델링 공사 시공업체 선정(공개 입찰)
2017. 12. 26~2018. 2. 20	도서관 리모델링 공사
2018. 1. 10~2. 20	도서관 가구 및 비품 가격 조사 및 품의
2018. 2. 23	도서관 준공 검사
2018. 2. 23~2. 28	도서관 가구와 비품 자리 배치
2018. 3. 22	학교도서관 개관식

예산 분배는 어떻게 할까?

예산은 한정되어 있는데 좋은 도서관을 만들고 싶다는 욕심은 많아 건강에 좋은 친환경 자재를 쓰면서도 여고생의 감수성에 딱 맞는 세련되면서도 아늑한 도서관을 만들고 싶었다. 문을 열고 들어오는 순간 행복한 기분이 드는 도서관을 만들고 싶다는 바람! 도서관 리모델링 사업을 시작하면서 처음부터 끝까지 마음에 품고 있던 소망이었다.

그런데 도서관 리모델링 예산을 마련하고 나니 기쁨은 말할 수 없이 컸지만 예산 분배를 어느 항목에 얼마만큼 해야 하는지가 문제였다. 처음이라 감도 오지 않았고, 시설 공사비를 어느 정도 잡아야 하는지도 알 수가 없었다.

더구나 인테리어 시공업체는 예산이 적으면 적은 대로, 많으면 많은 대로 돈에 맞춰 공사를 한다는 것을 알게 되었다. 그 점이 가장 불안하고 막막하게 다가왔다.

고민 끝에 우선 리모델링 공사 내역의 항목을 시설 공사비와 비품 구입비 두 영역으로 나누었다. 그리고 시설 공사비는 인테리어 설계비와 인테리어 공사비로, 비품 구입비는 도서관 가구, 전자기기, 환경 사인물 구입비로 세분화했다.

무엇보다도 제대로 된 설계도가 필요했다. 설계사는 시설 공사비 총액을 감안하여 설계 내역서를 작성하게 되는데, 인테리어 시공 업체는 설계도면과 설계 내역서에 있는 그대로 공사를 진행하기 때문에 설계도가 제대로 나오면 크게 문제될 것이 없다는 판단이 들었다. 인테리어 설계비는 시설 공사비 총액의 10%를 넘지 못하게 되어 있다. 춘천여고는 설계비로 쓸 수 있는 예산이 1,500만 원 이내였기에 1인 수의계약으로 설계를 진행했다.

교실 8칸 규모여서인지 책정된 설계비로는 설계를 맡아 준다는 업체가 없었다. 답답하고 우울한 날들이 지나는 동안 춘천시 효자동에 있는

예산 항목 내역

분류	내용
시설 공사비	인테리어 설계비, 인테리어 공사비
비품 구입비	• 도서관 가구(서가, 책상, 의자 등) 구입비 • 전자기기(컴퓨터, 빔프로젝터, 복사기, 음향기기 등) 구입비 • 환경 사인물(입구 사인물, 안내표지판, 글자 디자인 일체) 구입비

수의계약과 공개 입찰

업체 선정을 위한 계약은 행정실에서 진행한다. 공개 입찰의 경우 '나라 장터' 사이트에 공고를 올리면 업체들이 전자 문서로 서류를 제출하고 적정 수준에서 낙찰이 되는 자동시스템으로 진행된다. 이 과정은 행정실에서 담당하므로 교사가 자세히 알지 못하는 경우가 많은데 계약은 행정실에서 진행한다고 하더라도, 리모델링 예산 요구서의 항목별 예산 기초 수립과 일정 추진은 교사가 해야 하므로 정보를 미리 알아두면 유용하다.

종류		1인 수의계약	공개 입찰
의미		경쟁이나 입찰이 아닌 상대편을 임의로 선택하여 체결하는 계약	계약의 목적물을 공고하여 일정한 자격이 있는 불특정 다수의 희망자로 하여금 경쟁을 시켜 체결하는 계약
예산 범위	공사비	1,430만 원 이하	1,430만 원 초과
	물품(비품)비	1,100만 원 이하	1,100만 원 초과
공고 기간		임의	1차: 7일 이상(지역 제한) 재공고: 5일 이상(지역 제한) 유찰시: 수의계약 가능(인접 지역으로 확대)
인테리어 설계비		시설 공사비가 1억 5,000만 원 이하시 (10% − 1,500만 원 이하)	시설 공사비가 1억 5,000만 원 초과시 (10% − 1,500만 원 초과)

* 유찰: 입찰 결과 낙찰이 결정되지 아니하고 무효로 돌아가는 일

춘천시 효자동에 있는
담작은도서관

'담작은도서관'에 가 보고 싶었다. 그곳은 '도서문화재단 씨앗'이 10년 전에 건립한 어린이도서관이다. 외관이 아름답고, 실내 인테리어 또한 아늑하면서도 세련되고 아기자기하면서 동선이 편리해 이용자인 아이들을 배려하는 섬세함이 느껴지는 곳이었다.

무작정 '담작은도서관'에 찾아가 관장님에게 도서관 건립 과정에 대해 궁금한 점을 여쭙고 조언을 들었다. 게다가 설계사 전화번호를 받게 되어 그분에게 설계를 맡길 수 있었다. 간절히 바라면 꿈이 이루어진다더니 지금 생각해도 그건 정말 행운이었다.

도서관 견학으로 아이디어 얻기

도서관 공간을 구성할 때 기존 도서관을 견학하면 아이디어를 얻어 좋은 점을 반영하고 시행착오를 줄일 수 있다. 그래서 선진도서관 견학은 많이 할수록 좋다고 생각한다. 도서관 견학은 시간이 여의치

선진도서관 견학 체크리스트

분류	점검 내용
공간구성	도서관 복도 디자인, 사인물 구성, 대출반납대 모양과 위치, 정기간행물 공간, 도서관 행사(주제도서, 작품 등) 전시 공간, 소모임(독서동아리 등) 활동 공간, 교과연계수업 공간, 강연회 및 발표회 공간, 컴퓨터 이용 공간(웹존), 북 카페(쉼터), 서가 위치 및 배치, 열람책상 위치 및 배치, 교사 근무 공간, 구석 공간·기둥 활용
시설	탕비 시설, 냉난방 시설, 바닥재, 벽면, 창문 버티칼 또는 스크린, 조명 시설(LED등, 장식 조명 등), 음향 시설
도서관 가구	서가 종류와 개수, 열람책상 모양과 개수, 의자 종류(스툴, 포인트 의자 포함), 도서검색대, 책운반기, 청소함 및 수납공간, 쓰레기 분리수거함
전자기기	컴퓨터, 프린터기, 복사기, 스캐너, 빔프로젝터 및 스크린, 음향기기(스피커, 마이크 등)

않아 춘천과 가까운 편인 서울의 송곡여고, 숙명여고, 중대사대부고 도서관과 구산동도서관마을을 견학하고 강원 지역의 몇 개 도서관과 파주출판문화단지 '지혜의 숲', 퍼시스 쇼룸 전시장(서울)을 다녀왔다.

도서관을 견학할 때는 체크리스트를 미리 준비해 가면 살펴보아야 할 사항을 점검할 수 있고 돌아와서도 기억을 되살리기 수월하다.

춘천여고 도서관에서 구현하고 싶은 공간구성에 주안점을 두고 체크할 내용을 살펴보았고, 미처 생각하지 못했으나 인상적으로 다가온 특징들을 메모하고 사진을 찍었다. 그중 도서관별로 공간구성에서 아이디어를 얻은 내용은 다음과 같다.

공간 분할이 효율적인 송곡여고 도서관

송곡여고 도서관에서는 바닥면에 홈을 파서 도르래 문을 달아 평

바닥면에 홈을 파서 도르래 문을 설치한 모습.

소에는 문을 열어두고 수업을 할 땐 문을 닫아 공간을 분리하는 구조가 인상적이었다. 이 점은 춘천여고 도서관에서 모둠학습실과 오디토리움 두 곳에 적용하여 확장과 분리가 가능하도록 했다. 또한 출입문 왼쪽에 있는 북카페 겸 탕비 시설이 마음에 들었다. 춘천여고 도서관에도 만들고 싶었으나 하수처리 배관까지의 거리가 멀어 작업이 여의치 않아 정수기만 설치했다.

원목 서가를 보유한 숙명여고 도서관

숙명여고 도서관에서 가장 인상적이었던 건 흔히 볼 수 있는 철재와 목재를 결합해 만든 책장이 아닌, 원목 통판 서가를 많이 사용하고 있는 점이었다. 춘천여고에도 20년 이상 된 원목 서가가 있는데 흔들리기도 하고 어두운 갈색이라 구식 느낌이 나서 모두 신형으로 교체해야겠다고 생각했는데 기존의 원목 서가 12개를 리폼해 재사용함으로써 서가 구입 예산을 1,500만 원 이상 절감하는 효과를 얻을 수 있었다.

아늑한 카페 같은 중대사대부고 도서관

중대사대부고 도서관은 복도의 벽면에 조명과 사인물로 도서관의 분위기가 물씬 느껴지도록 디자인하고, 출입문을 열고 들어가면 왼쪽

중대사대부고 도서관은 패브릭 소파와 테이블을 두어 카페와 같은 분위기를 연출했다. 구산동도서관마을은 서가 앞에 의자를 두어 편안하게 이용할 수 있도록 했다.

에 아치형 구조로 카페처럼 공간을 분리해 예쁜 패브릭 소파와 테이블을 구비해 놓은 점이 마음에 들었다. 춘천여고 도서관의 햇살 카페를 만들 때 이 공간을 참고했다. 대출대 옆에 마련된 아담한 교사 근무 공간도 마음에 들었다. 창가 쪽으로 좁다란 책상을 설치해 열람 공간을 둔 것도 좋았다. 이 점은 춘천여고 도서관에 2명씩 들어가 책도 읽고 공부도 할 수 있는 '듀엣' 공간을 만드는 데 참고했다.

지역 주민 소통의 공간인 구산동도서관마을

구산동도서관마을은 건물을 신축하지 않고 주택 몇 채를 연결해 리모델링한 도서관이다. 서가 앞에 편안한 의자를 두어 쉽게 책을 읽을 수 있게 한 점, 방 크기의 열람 공간과 특색 있는 공간들이 구석구석 다양하게 마련되어 있는 점과 지역 주민이 편히 이용할 수 있다는 점이 인상 깊었다.

그 밖에 파주출판문화단지 '지혜의 숲'에서는 사인물과 글씨 디자인을 유심히 살펴보았고, 퍼시스 쇼룸 전시장에서는 도서관 가구들을 즐겁게 관람했다. 현장 방문을 통해 안목을 높인 것은 포인트 가구를 구입하는 데 참고가 되었다.

공간구성은 어떻게 해야 할까?

────── 도서관 설계에서 제일 먼저 고려해야 할 것은 '도서관에서 하고 싶은 활동'이 무엇인지를 분명히 정하는 것이다. 도서관에서 어떤 활동을 할 것인가에 따라 이런 활동을 가능하게 할 설계도가 나올 수 있기 때문이다.

설계사가 춘천여고에 처음 방문했던 날이었다. 그동안 3학년 면학실로 이용되어 온 교실을 이곳저곳 살펴보던 중 학교 뜰 쪽으로 난 창문을 톡톡 두어 번 두드려 보더니 이렇게 말했다.

"아주 재미있는 공간을 만들 수 있을 것 같네요. 학교도서관 설계를 할 때 이런 공간을 만나기가 쉽지 않은데, 도서관 공간으로 정말 좋은 곳이네요. 1층에 있어서 유리문 폴딩 도어를 만들어 밖으로 통하게 하고 뜰에 정자를 하나 놓으면 좋을 듯해요."

현장을 처음 보자마자 과감하면서도 신선한 발상을 내놓는 설계사

학교도서관 공간구성 주안점

공간	공간 크기	공간	공간 크기
도서 대출반납대	컴퓨터 2대, 복사기	전시 공간	이동식 전시대
서가	양면 2연 6단 15개	선생님 공간	2인 근무 공간
열람 테이블	40~50석	개인 스터디룸	5석
모둠토론실	4모둠 20석	정기간행물 서가	잡지 18종
수업 공간	확장, 분리 가능	도서 검색대	컴퓨터 1대
문화행사 공간	책상+계단형(100석)	무인 복사기 공간	무인복사기
컴퓨터 활용 공간	노트북 10대	탕비실	탕비시설
햇살 카페	15석	도서관 복도	조명, 디자인

를 보고 내심 안도했다.

설계사와 첫 논의에서 춘천여고 도서관에서 펼치고 싶은 구체적인 활동들을 자세히 설명하고 '공간구성 주안점 15가지'를 설계에 반영해 달라고 요청했다. 도서관이 복합문화공간으로서 학교문화의 심장과 같은 역할을 할 수 있도록 기능성과 심미성을 모두 갖추었으면 하는 바람이었다. 활동 내용에 따라 공간을 15개로 나누고, 각 공간에 놓일 도서관 가구수를 기준으로 공간의 크기를 가늠했다.

이후 1차 설계도가 나왔을 때 꼼꼼히 확인한 후 3가지 사항에 대해 수정을 요청했다.

- 탕비실 공간을 조정해서라도 교사 공간 확보
- 창가 쪽에 있는 개인 스터디룸을 반대편에 있는 벽 쪽으로 이동하

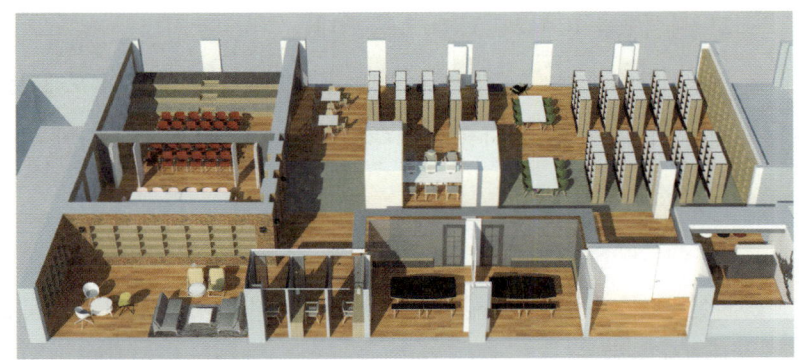

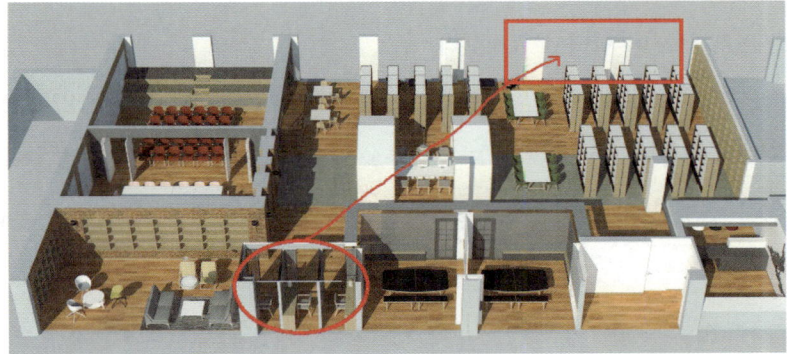

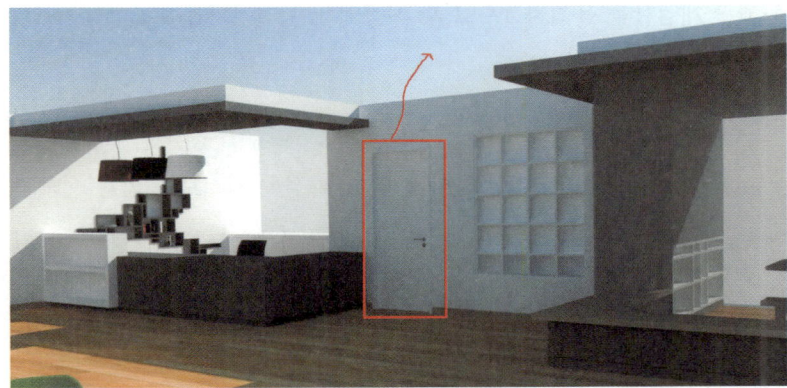

▪
3D 설계도. 설계사가 제공한 설계도와 3D입체도면을 보면서 반영되어야 할 부분과 수정 부분을
일일이 요청해 수정해 나갔다.

고, 좌석수를 10석(2인 5공간)으로 확대
- 신형서가(철제+목재) 구입을 전제로 한 공간 배치는 기존의 오래된 원목 서가를 리폼해 사용할 계획이므로 열람 테이블과 서가의 위치 변경이 필요

2차 설계도에서는 수정사항이 잘 반영되었으나 교사 공간의 출입문이 불투명한 문으로 차단되어 있어 도서관 내부를 볼 수 있도록 유리문으로 바꾸어 달라고 요청했다.

수의계약을 체결한 뒤 설계도가 완성되기까지는 약 3개월 정도가 걸렸다. 일반적으로 설계도는 약 2~3개월 정도 잡으면 일정에 쫓기지 않고 진행이 가능하다. 미진한 부분에 대해서는 꼼꼼히 체크도 하고 수정을 원하는 부분이 있을 경우 요청하여 설계도에 반영하면 무리 없이 진행할 수 있다. 설계도가 완성된 후 행정실에서 시공업체 선정을 위해 공개입찰을 올리자 1주일 후 시공업체가 결정되었다.

누군가 공사 현장을 매일 살펴야

도서관 리모델링 공사의 진행 과정을 지켜보는 일은 설레면서도 긴장되는 일이었다. 바닥과 천장 외엔 아무것도 없이 텅 비어 있던 공간에 가벽을 세워 공간을 분할하고, 새로운 구조물들이 생겨나 도서관 내부 모습이 하루하루 달라져 가는 게 신기하면서도, '과연 시공업체가 설계도에 있는 내용을 실제 공사에 그대로 구현할 수 있을까?' 하는 걱정도 들었다.

리모델링 공사 모습.

　공개입찰로 선정된 시공업체 직원이 학교에 온 날, 먼저 교장실에 모여 춘천여고에서 도서관 리모델링 공사에 얼마나 많은 관심과 주의를 기울이고 있는지에 대해 충분히 이야기했다. 그리고 시공업체 직원과 설계사가 만나는 자리를 마련해 논의하는 시간을 가졌다. 설계사가 시공업체에 평면도 외에 3D 입체도면을 제공해 주어 참고하며 공사를 진행할 수 있었기에 설계도를 거의 그대로 구현하는 공사가 가능했다.

　학교 측에서 누군가 매일 들여다보고 진행상황을 점검하면 공사를 진행하는 분들도 더 작업에 신경을 써 줄 듯하여 거의 매일 도서관에 들러 공사 진행 과정을 확인하고 살펴보았다.

가벽이나 구조물이 일단 세워지고 나면, 기대나 의도와 다르게 만들어졌을 경우 그걸 뜯고 다시 작업하는 건 어렵다. 공사비가 추가되고 공사 기일도 늦어지며 뜯고 다시 하면 마감처리를 깨끗이 할 수가 없기 때문이다. 따라서 현장을 좀 더 자주 들여다보며 수정 사항이 있을 경우 즉시 요청하는 것이 좋다. 한 가지 예를 들면, 대출반납데스크가 사방이 막혀 있어 교사 사무공간의 문을 통해서 이동해야 하는 구조였다. 다행히 도색 작업 전이어서 사람이 드나들 수 있도록 막힌 부분을 잘라내고 도색하여 마감처리를 했다. 도색 작업이 끝난 상태였다면 수정 요구가 어려웠을 것이다.

세심한 확인으로 달라지는 것들

공사를 진행하는 과정에서 제품의 색상이나 재질과 관련해 선택해야 할 일들이 생긴다. 업체 쪽에서 샘플북을 가져오지만 실물의 색상이나 재질과는 조금씩 다르기 때문에 선택이 쉽지 않았다. 춘천여고 도서관은 전체적인 콘셉트를 정할 때 흰색과 회색, 원목색을 주된 톤으로 정하고 햇살 카페 쪽에 붉은색 파벽돌로 포인트를 주었는데 회색만 해도 여러 종류가 있어서 샘플북만 보고는 색상을 고르기가 어려웠다. 그래서 설계사에게 문의했더니 페인트의 색, 패브릭 소파의 재질과 색, 제작 가구 필름의 색, 바닥재 데코타일 등의 색상 번호를 구체적으로 알려주어 그대로 작업했다. 춘천여고 도서관이 설계도와 거의 비숫한 모습을 갖추게 된 건 이런 부분에 대해 세심하게 확인하고 적용했기 때문이었을 것이다.

도서관 리모델링 공사는 눈에 보이는 구조물들 이면에 철거 공사, 기초 공사, 타일 공사, 목 공사, 수도 공사, 금속 공사, 창호 및 유리 공사, 도장(도색) 공사, 가구 공사, 소방 공사, 전기 공사 등 여러 분야에서 작업이 진행되었다. 기존에 설치된 천장형 냉난방기와 LED 형광등의 재배열을 위해 천장을 반 이상 뜯어내기도 해서 날마다 먼지가 날리고 페인트 냄새가 진동했다. 그러나 공사가 하나씩 마무리될 때마다 감쪽같이 변해서 놀라웠다.

가성비 좋은 도서관 비품 고르기

도서관 비품 구입시 여러 회사의 제품을 비교해 가며 가성비가 좋은 제품을 고르는 일은 시간이 꽤 걸리는 일이다. 나라장터 종합쇼핑몰(조달청) 사이트와 각종 온라인 사이트에서 제품을 검색해 보면, 가격은 비슷하더라도 디자인이나 내구성이 좀 더 좋은 제품을 선택할 수 있다.

학교에서 구입하는 비품은 나라장터에서 구입하는 것을 기본으로 하는데, 나라장터는 주문제작시스템이라 기간을 넉넉히 두고 미리 주문해야 원하는 날짜에 제품을 받을 수 있다.

나라장터에서는 비품을 주문하면 납품 기일을 보통 한 달 정도로 잡는다. 따라서 도서관 개관일이 정해져 있거나 비품 세팅이 정해져 있는 상황이라면, 리모델링 공사가 진행되고 있는 기간에 미리미리 주문

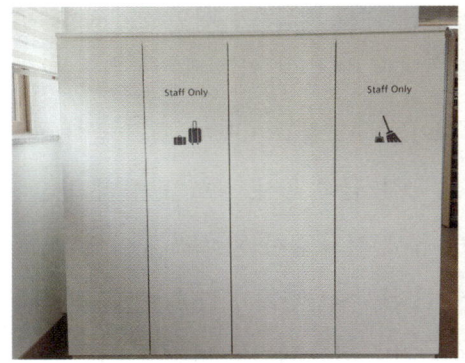 

리모델링 공사 진행시 놓치기 쉬운 소규모 도서관 가구(청소도구함, 쓰레기 분리수거함, 신발장 등)은 미리 배치할 공간과 크기를 고려해 제작해야 자투리 공간을 효율적으로 쓸 수 있다.

하여 원하는 날짜에 납품될 수 있도록 준비한다. 만약 급하게 비품을 받아야 하는 상황이라면 나라장터에 등록되어 있는 업체 전화번호로 직접 전화하여 제품의 수량만큼 원하는 날짜에 배송해 줄 수 있는지를 알아본다.

노력과 수고가 들기는 하지만 제품의 용도, 디자인, 내구성, 가격 등을 꼼꼼히 비교하여 선택하면 좀 더 나은 제품을 구입할 수 있다. 원하는 규격과 가격을 조건으로 주고 조회하면 조건에 해당되는 제품만 나오니 그 안에서 살펴보면 된다.

포인트가 될 만한 예쁜 가구나 소품이 몇 개 필요한데 나라장터에 원하는 제품이 없을 경우에는 행정실 예산 담당자와 상의하고 나라장터가 아닌 타 업체에서 구입하는 방법도 생각해 보면 좋다.

도서관 비품 중 시공업체가 아예 리모델링 공사에 포함시켜 제작하는 가구는 설계도에 제시되므로 이러한 제작 가구의 종류와 수량을 미리 파악한 뒤 이를 제외한 가구만 구입하면 된다. 춘천여고는 대출 반납대를 비롯해 정기간행물 전시대, 열람 테이블, 창가 테이블, 패브릭 의자, 유리 칠판, 노트북 테이블, 청소도구함, 쓰레기 분리수거함 등을 공사에 포함해 제작했다.

또한 청소도구함과 수납장, 쓰레기 분리수거함, 신발장은 도서관에 꼭 필요한 비품들이지만 리모델링 공사 진행시에는 큰 걸 위주로 신경을 쓰다 보니 자칫 놓치게 되어 들여놓을 공간이나 위치가 마땅치 않아 낭패를 겪을 수도 있다. 미리 비품을 둘 장소와 비품의 크기를 염두에 둬야 하며 자투리 공간 크기에 맞게 제작하면 좋다. 특히 청소도구함은 청소도구의 크기와 용량을 참고하여 제작하고 수납장의 경우도 도서관에서 주로 보관하게 되는 물품의 규격을 가늠하여 제작하면 유용하게 사용할 수 있다.

춘천여고는 출입문 밖 복도에 도서반납함과 쓰레기 분리수거함, 신발장을 공간의 크기에 맞게 제작하여 비치했다. 신발장엔 도서관 로고를 새긴 도서관 전용 실내화를 두어 이용하게 했다.

꼭 챙겨야 할 하자 보수

공사가 끝나면 소소하게 하자 보수를 해야 할 것들이 생겨난다. 바닥, 창호, 도색, 제작 가구 등을 자세히 살펴 무상 AS 기간에 수리를 받는다. 시공업체에서 무상 AS를 해 주는 기간은 1년이다. 춘천여고는 5가지 사항에 대해 하자 보수를 받았다. 바닥재는 원래 바닥의

리모델링 완료 후 하자 보수 내용

항목	내용
바닥재	바닥이 울퉁불퉁하게 우는 부분이 군데군데 생겨 부분적으로 새로 교체함.
출입문 잠금장치	잠금장치가 출입문 상단 높은 곳에 있어 열쇠로 열기가 어려워 잠금장치를 출입문 아래쪽에 다시 만듦. 하단으로 이동한 잠금장치의 구멍이 맞지 않아 위치를 조정함.
유리문 이음새	유리문 이음새의 실리콘이 매끈하지 않고 울퉁불퉁 굵기가 다른 부분들이 많아 실리콘을 깔끔하게 정리함.
모둠토론실 출입문 손잡이	출입문의 도색은 진한 회색인데 손잡이가 은색의 스테인레스로 된 일자형 손잡이라 어울리지 않아 진한 회색의 각이 진 모양의 손잡이로 교체함.

바닥이 들뜨는 부분을 보수하고, 출입문 상단에 단 잠금장치를 하단으로 옮겨 달았다.

수평 정도나 부착 시기(기온이 낮은 겨울)에 따라 들뜨는 부분이 생기는 경우가 많은데, 공사가 끝나고 오래지 않아 이런 부분이 생기기도 한다. 그런데 시간이 더 지나면서 다른 곳에도 이런 현상이 나타날 가능성이 있어 8개월 후 몇 군데의 바닥재 하자 보수를 한꺼번에 받았다.

출입문이 클 경우 잠금장치가 상단에 있으면 높아서 열쇠로 잠그기가 어려우므로 문을 제작하기 전에 잠금장치 위치를 중앙이나 하단 등으로 결정하여 창호업체에 알려주는 것도 필요하다.

리모델링을 담당한 교사나 행정실 주무관이 학교를 떠나면 하자가 생겼을 때 시공 업체(목공, 도색, 바닥, 창호, 전기, 음향시설 등) 연락처를 알아보는 데 어려움이 있을 수 있으므로 업체별 연락처를 정리하여 후임자에게 인계하면 좋다. 공사 후 시간이 지나면 보수해야 할 것들이 생기기 마련인데 오래 방치하면 손상이 더욱 심해지므로, 하자가 생겼을 때 즉시 보수하는 것이 좋다.

또한 도서관 내에 무인복사기를 두었더니 도서관 운영시간에만 이용이 가능하다는 한계가 있어 무인복사기를 상시 개방된 홈베이스로 옮겼다. 그랬더니 복사기를 놓았던 공간이 휑하니 남게 되었다. 공간에 맞게 패브릭의자와 사이드테이블을 두었더니 아늑하면서도 편안한 2인용 공간이 마련되었다. 용도가 변경된 공간을 조금만 리폼해도 분위기가 달라지는 게 도서관 리모델링의 묘미이다.

도서관 사인물 디자인과 자투리 공간 활용

원래 도서관으로 설계되었던 자리를 되찾아 리모델링을 하

도서관 입구와 복도의 사인물

고 나니 이에 알맞은 도서관 이름이 필요했다. 그동안 사용해 온 교실 2칸 규모의 도서관에는 '백합교실'이라는 이름이 붙어 있었다. 학생, 교직원, 학부모를 대상으로 학교도서관 이름을 공모했는데 1차 심사를 통해 후보작 3개를 뽑아 투표를 진행한 결과 '꿈너머꿈 도서관'이 가장 많은 표를 얻어 도서관 이름으로 선정되었다.

내부 공사가 마무리되면 도서관 내부와 외부의 사인물 부착이 중심 과제로 남는다. 리모델링 공사를 잘 했더라도 사인물 작업이 미흡하면 아쉬움이 남을 수밖에 없다.

복도의 벽면 장식, 도서관 현판, 도서관 내부의 각 공간별 이름, 벽면과 유리문에 새길 좋은 문구, 각종 안내 표지가 도서관의 전체적인 분위기에 맞도록 신경을 썼다. 도서관의 각 공간별 이름은 어떤 용도의 공간인지가 한눈에 파악되도록 짓고, 안내문과 벽면에 새길 문구도 세심히 신경 썼다. 아이들의 눈길이 머무는 곳에는 아름다운 시를 몇 편 새겨 넣었다.

사인물 디자인 업체에서는 교목인 목백합의 나뭇잎과 책의 이미지, 개교 연도인 1934를 넣어 '꿈너머꿈' 글자를 아름다운 캘리그라피로 디자인해 주었다. 공간별 부착물도 동선과 시선에 맞춰 균형감 있게 붙이고, 이용시 주의사항 안내는 유리문에 픽토그램으로 작업해 정말 세련되고 깔끔한 느낌이 나게 했다. 도서관 현판을 네온사인으로 달고 불을 켜니 '꿈너머꿈 도서관'이 환하게 드러났다.

'꿈너머꿈 도서관'에서 들리는 웃음소리

책 읽고 토론하고 공부하는 아이들이 조화롭게 공존하는 학교도서관! 단순히 책을 읽는 공간의 의미를 넘어 다양한 활동을 즐겁게 할 수 있는 복합문화공간으로 학교도서관이 거듭날 때 도서관은 살아 움직이는 공간이 된다. 이곳에서 학생들은 자신의 내면이 튼튼해지는 다양한 경험을 하게 될 것이며, 그 힘으로 자신의 삶을 주체적으로 힘차게 밀어가는 멋진 삶의 주인공으로 성장하리라 믿는다.

모둠 토론실에서 학생들의 이야기와 웃음소리가 들려온다. 웹 프리존(web free zone)은 컴퓨터를 이용해 과제를 하고 인터넷 강의를 듣는 학생들로 가득하다. 창가의 햇살 카페에는 독서동아리 학생들이 함께

리모델링이 끝난 웹프리존(위)과 마음서재. 웹프리존은 컴퓨터를 이용해 과제를 하거나 인터넷 강의를 듣는 학생들이 주로 이용한다. 육각 정자인 '마음서재'는 햇살 카페에서 폴딩 도어를 열고 나가면 있는데, 학생들의 휴식 공간이다.

읽은 책에 대한 대화를 나누며 웃음소리가 끊이지 않는다. 2인 스터디룸에서는 공부에 열중하는 학생들의 뒷모습이 보이고 햇살 카페의 폴딩 도어를 열고 나가면 육각 정자인 '마음서재'에 둥글게 모여 앉아 담소하는 아이들의 모습이 보인다. 모두 리모델링된 춘천여고 꿈너머꿈 도서관에서 볼 수 있는 아름다운 풍경들이다.

도서관 리모델링을 시작할 때 가졌던 설렘과 기쁨, 두려움과 부담감은 아직 생생하다. 리모델링을 진행하면서 교사인 나도 한 뼘 더 성장하는 기회가 되었다. 학교문화의 심장과 같은 도서관에서 학생들이 자유를 누리고 진리를 터득하며 자신의 꿈에 한 발짝 더 다가가기를 소망하며 의미 있는 일에 함께 할 수 있어 감사했다.

좁은 도서관 공간에 꼭 맞는 맞춤형 가구

강봉숙
대구 다사고 사서교사

* 대구 서부고에서 리모델링을 진행한 내용입니다.

이상적인 도서관을 꿈꾸며

───── 학교도서관은 동아리 활동을 하는 곳, 자율 활동, 점심 시간, 쉬는 시간, 방과 후에 학생 스스로 즐겨 찾고 싶은 핫플레이스이다. 그러면서도 새로운 수업을 꿈꾸는 교사와 학생들에게 최적화된 공간이어야 한다. 그러려면 관공서 분위기의 딱딱한 학교 공간 중 한 구석일 뿐이라는 고정관념에서 벗어나 어떻게 공간을 구성할 것인가 많은 고민이 필요하다.

내가 생각하는 이상적인 도서관은 "절대 침묵을 강조한다면 시민들이 소통하는 장소가 될 수 없다."고 강조한다는 일본의 다케오 시립 도서관, 24시간 개방한다는 일본 츠타야 서점과 대만의 성품서점(誠品書店)이다. 또 책을 읽을 수 있는 공간에 30개의 침대가 함께 있다는 도쿄 Book and Bed 유스호스텔. 이곳의 공통점은 정적이고 꼿꼿한 자세로 정형화된 공간에서의 독서를 강요하지 않는다는 것이다. 책이 먼저 말을 걸어올 것 같은 공간, 편안한 마음, 그리고 편안한 자세로 책, 그리고 사람들과 소통해도 좋을 듯한 독서 공간. 그런 곳이 학생들에게 대안적 공간으로의 학교도서관 모습이 아닐까. 학교도서관 리모델링을 하기 전 이런 고민을 안고 있었다.

일본의 다케오 시립도서관의 외관과 내부 모습. 우리나라의 별마당도서관이 벤치마킹한 도서관으로 알려진 사가현의 다케오 시립도서관은 서점 혹은 카페와 같은 느낌으로 내부를 꾸몄다.

일본의 츠타야 서점. 츠타야 서점은 책이 아니라 라이프스타일을 판다고도 말하는데, 책과 관련된 상품을 큐레이션해서 진열하는 등 새로운 방식을 취해 전국에 매장을 가지고 있으며 관광 명소가 된 곳도 있다.

대만의 성품서점. 2004년 뉴욕 타임지가 뽑은 아시아 최고의 서점이다. 모습은 일본의 츠타야와 비슷하다. 책뿐만 아니라 레스토랑, 편집샵 등이 함께 있어서 관광객들도 자주 찾는 곳이다.

맞춤형 서가 찾기

───── 대구 서부고등학교는 3만 권 가량의 장서가 교실 2.5칸 규모에 빼곡히 들어 있었다. 더 이상 책을 꽂을 공간조차 없다고 2년간 징징거리던 어느 날 '2017학년 학교도서관 독서 환경 개선 사업'에 대구 서부고가 선정되었다. 덕분에 대구광역시 교육청으로부터 부족한 배가 공간 확보에 쓸 수 있는 예산으로 2,000만 원을 배정받았다.

우선은 6단 캐비닛 속에 들어 있는 책부터 구해야 했다. 벽 쪽 서가는 맞춤형으로 제작해 천장까지 8단으로 높이거나 슬라이딩 서가를 확보하여 배가에 효율성을 높여야겠다는 생각이 들었다. 1억 원 이상 대규모 리모델링 경험이 이미 두 번이나 있었지만 재단장은 여전히 두려웠다. 수많은 도서를 포함해 이삿짐을 꾸리고 다시 청구기호에 맞게 재배열을 해야 한다는 두려움 말이다. 또 잘 모르는 가구·건축 관련 용어와 입찰 관련 지식에도 주눅이 들었다. 의욕을 가지고 야심차게 알아보더라도 모든 사항들이 교사 의지와 의욕만큼 실행되기 힘든 현실과도 마주해야 했다. 대개의 학교도서관 공간 재단장은 선진지 참고 → 설계·견적 의뢰 → 입찰 → 이사 → 재단장 → 서가 재배열 → 재개관 이라는 절차로 이루어진다.

학교도서관 공간의 특색 있는 구성을 위해서는 넓은 안목이 필요하다. 학교도서관, 공공도서관 등 도서관은 물론 서점, 만화방, 카페 등 다양한 곳을 둘러보는 노력이 필요하다. SNS를 살펴보면 국내외 특색 있는 독서 공간이 소개된 사례가 많은데 여기서 영감을 얻는 것도 좋다. 인상적인 공간과 참고할 만한 세세한 사항들은 그때그때 사진으로 남겨 두면 좋다. 설계를 협의하고 업체에 요구사항을 구체적으로 전달할 때는 사진이 편리하기 때문이다. 특히 건축 자재나 규격 등의 명칭을 정확히 알지 못할 때에 업체와 소통하기 위해서 사진이 주는 효율성이 매우 크다. 대출대 내부와 연결된 도서관 외부의 반납함, 특색 있는 비정형 가구 등 세세한 사진 하나하나가 좋은 정보가 된다.

대구 서부고의 경우 매우 협소한 공간과 한정된 예산으로 배가 공간을 확보해야 했다. 슬라이딩 2중 서가를 생각해 보았지만 남학생들이 슬라이딩 서가 위에 보드처럼 올라가 장난치는 모습이 상상되면서 주저하게 되었다. 또 묵직한 느낌이 드는 조달청의 기성 서가보다는 바디감이 무겁지 않지만 튼튼한 철제 서가를 고려했다. 관련 사례를 검색하던 중 강릉의 북스북스 만화방 철제 서가를 발견했고 방문해서 사용 후기를 살펴보았다. 사실은 선진지를 참고하기 위해 현실적으로 가장 먼저 생각난 곳 역시 만화방이었다. 홍대나 대학가 인근에 성행하는 만화방은 만화책을 읽고 싶은 충동이 드는 공간이다. 그래서 추진위원회를 구성하여 선생님들과 함께 강릉 북스북스로 무작정 떠났다.

강릉 북스북스와 주변 학교 탐방

강릉으로 향하는 길에 민족사관고등학교와 강원도교육청 유일의 공립형 대안학교인 현천고등학교 도서관도 함께 둘러보았다. 민족사관고 사서교사이신 김동명 선생님과 현천고 사서교사 이현애 선생님, 행복지원부장님이신 장봉근 선생님 덕분에 두 학교 견학이 무척이나 행복했다. 두 곳은 10분 내의 인접한 학교였지만 분위기는 180도

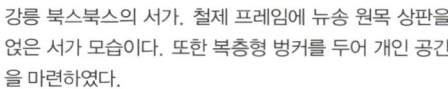
강릉 북스북스의 서가. 철제 프레임에 뉴송 원목 상판을 얹은 서가 모습이다. 또한 복층형 벙커를 두어 개인 공간 을 마련하였다.

달랐다. 수월성 교육 추구 여부와 함께 도서관의 모습 역시 대비되었다.

민족사관고의 경우 고전을 영어 원서로 읽고, JSTOR 데이터베이스를 구독해 영어 논문을 읽는다는 학생 이용자에 걸맞게 학교도서관 공간에서도 고전적 기품이 묻어났다.

현천고는 개교한 지 만 2년에 불과한 신설교이고 대안 교육을 목표로 운영되기에 학교도서관뿐 아니라 음악실, 미술실, 가사실, 강당 등 모든 곳이 학교도서관 공간을 구성하는 데에도 도움을 줄 만한 요소가 있었다. 특히 온돌 강마루로 도서관 바닥을 구성한 점이 돋보였다. 신발을 벗고 도서관에 들어가 어느 공간에서나 편안한 자세로 이용할 수 있었다. 대구 운암고의 경우도 온돌 판넬을 설치하여 비슷한 느낌인데 도서관이 전반적으로 매우 청결했다. 예산이 허락한다면 온돌 강마루를 설치하는 것을 적극 권하고 싶다.

이른 아침에 출발했지만 강릉 북스북스에는 해가 진 뒤에 도착했다. 사장님은 공간을 둘러보기 위해 대구에서 온 우리를 의아해하시면서도 따뜻하게 맞아 주었다. 곧바로 서가에 대해 물어보니 경기도의 철제 가구 전문 업체에서 1,200만 원 내외로 철제 프레임에 뉴송 원목 상판이 놓인 8단 서가 10여조를 맞추었다고 했다. 원목 상판의 경우, 18T 두께로 구성한 것은 내구성이 좋지 않아 24T나 30T가 좋다고 권했다. 또 원자재 나무의 너비 규격이 240cm 단위로 재단되어 있기에 맞춤형 가구를 제작 의뢰할 때 80cm나 120cm 단위로 구성한다면 단가를 낮출 수 있다고 귀띔해 주었다.

공간을 직접 둘러보고 복층형 벙커에서 만화책을 들춰 보며 사장님

현장 방문한 강원도 현천고 도서관. 온돌 강마루로 도서관 바닥을 꾸며서 어느 곳에서나 편안하게 책을 보고 쉴 수 있도록 했다.

의 조언을 듣다 보니 가구, 인테리어에 대해 갑자기 전문가가 된 듯한 기분이 들었다.

　북스북스뿐만 아니라 이후 광화문 교보문고, 한남동 블루스퀘어, 현대카드 트레블라이브러리의 컨시어지 데스크 등 천상계에 해당하는 장소들을 둘러보며 다시금 많은 아이디어를 얻었다.

한남동 블루스퀘어 북파크 라운지. 3층 높이의 벽면이 모두 책으로 전시되어 있다. 음료를 마시면서 다양한 공간에서 책을 볼 수 있다.

좁은 도서관 공간에 꼭 맞는 맞춤형 가구

간절히 원하면 이루어진다

여러 도서관을 견학하고 돌아왔지만 현실은 녹록치 않았다. 분주한 신학기 틈틈이 공간구성에 대한 희망에 차 행정실장님과 대화를 나누다 보니 현실로 벤치마킹해 보고자 치열하게 구상하고 고민했던 것들이 역시 이루기 힘든 꿈이구나 하고 포기해야 하나 싶었다.

행정실 측은 S2B 학교장터(www.s2b.kr)에 등록된 조달 기성 가구를 들여오는 것을 선호한다. 하지만 절대적으로 부족한 공간의 효율성을 극대화하기 위한 최고의 대안은 맞춤형 가구여야 했다. 그래서 박박 우겼더니 그다음 관문은 입찰이라는 처음 대면하는 벽이었다. 물론 투명성을 위해 수의계약이 불가능하다는 것쯤은 상식이다. 하지만 제3자 단가 계약, 다수 공급자 물품계약(MAS), 공공구매 정보망(www.smpp.go.kr), 시방서, 견적서, 세금계산서 등의 용어가 나오면 슬그머니 눈치를 보게 된다. 행정실 권유를 듣고 치열한 고민을 모두 접어야겠다는 생각에 다시 이르게 되었다.

그러던 어느 날 퇴근길에 대구 원대동 가구 골목을 지나다가 빈티지한 느낌의 '목공방'을 발견했다. 혹시 사장님은 내 마음을 알아주지 않을까 싶어서 사장님을 만나 막무가내로 대구 서부고 도서관에 들러서 제 아이디어가 실현 가능한지 들어달라고 부탁했다. 필요한 사항을 모두 말씀드리고 견적과 원하는 세부사항들을 전문 용어로 풀어주시길 부탁드렸다. 그 과정에 새롭게 알게 된 사실은 다음과 같다.

철제 프레임의 경우 25각, 30각, 40각 등의 규격이 있는데 40각, 즉 4cm 정도면 서가 프레임으로 적당하다. 서가 상판 두께로 30T는 좀 지나치고 24T 정도면 상판으로 적당하다는 것도 알게 되었다. 그럼에도 상판이 책 무게로 휠까 걱정이 된다면 상판 하부에 철제 받침대를 추가하면 된다. 철제 서가 측면과 뒷면에 아주 작게라도 턱을 주면 책이 옆이나 뒤로 빠지지 않게 할 수 있다. 뉴송 원목은 뉴질랜드에서 온 소나무라는 뜻으로 밝은 베이지톤의 원목이며, 조금 붉은 나무로는 레드파인, 그리고 조금 어두우면서도 트렌디하게는 직사각형 무늬가 돋보이는 멀바우 나무를 활용하여 상판을 올릴 수 있다는 점 역시 새롭게 알게 되었다.

목공방 사장님 덕분에 견적서를 들고 행정실에 들렀다. 행정실장님에게 견적서를 얻어낸 상황을 말씀드리니 어이없다는 듯 웃었다. 그러나 견적서는 3곳 이상에서 받아 보는 것이 원칙이고 그에 따라 글로 풀어쓴 작업 내역인 시방서를 입찰 때 첨부해야 한다고 했다. 또 덜컥 걱정이 앞섰다.

8단 복식 서가 재질 및 특성

구분	내용
기둥 프레임	40×40 각파이프, 분체도장 10파이 환봉 분체도장(8단 단식 서가 이미지 참조)
선반	24T 레드파인집성목 친환경 도장(색상은 추후협의) 선반 전면 5R라운드 가공하여 모서리가 각지지 않도록 한다. 3T 철판 분체도장
뒷판	24T 레드파인집성목 친환경 도장
발굽	사출플라스틱

시방서 다음은 입찰

──── 설계도나 시방서 작성은 사실 원칙적으로 그 자체로 업체에 비용을 지불해야 하는 작업이다. 그러나 목적사업비로 교육청에서 내려온 예산으로 그런 비용을 지불할 수 있는 근거가 없다는 이야기를 들은 적이 있다. 따라서 설계비는 학교 자체 예산으로 추진해야 하는데 학교 예산에 이런 항목이 없다면 일을 추진할 방법이 애매해진다. 목적사업비라도 이러한 비용을 예산에 포함해서 활용할 수 있도록 한다면 업무 추진이 더 효율적일 것이다.

대구경북가구협동조합이라는 곳을 인터넷으로 찾아 무작정 전화를 걸었다. 철제와 목제를 동시에 취급하는 가구 제작 업체를 복수로 추천받아 아이디어에 머물러 있던 서가와 열람석 등의 규격과 세부적인 사항을 말했다. 그 과정에 참으로 많은 고민이 있었다. 책이 옆이나 뒤로 넘어가지 않게 할 방법, 책장이 휘지 않게 할 방법, 서가가 한쪽으로 넘어가지 않을까 하는 등의 안전상의 문제 말이다. 그리고 마침내 시방서와 견적서를 받고 덕분에 중소기업제품 공공구매 종합정보망인 SMPP를 활용한 입찰을 진행할 수 있었다.

선정된 업체와 실제로 가구를 제작하는 과정은 끊임없는 협의를 필요로 하며 매우 세밀한 꼼꼼함과 집요한 끈기가 필요하다. 그렇지 않으면 자칫 커뮤니케이션 오류로 엉뚱하게 구현되기 십상이다. 또한 철제 마감 등이 잘 이뤄지지 않으면 자칫 안전 문제로 이어지기 때문에 세심한 협의는 필수이다.

서가를 교체하는 작업은 많은 노동력이 필요하다. 대체 인력을 활용

새로운 서가에 책을 정리하는 모습. 청구기호에 맞게 꼼꼼하게 확인하며 책을 꽂아야 재작업 가능성을 줄일 수 있다.

해도 새로운 서가에 청구기호에 맞도록 완벽하게 배가가 이루어지지는 않는다. 한곳의 배열만 어그러지더라도 서가 배열을 한 열, 한 열 도미노처럼 다시 맞추는 수고가 필요하다. 그러므로 다른 대체 인력의 도움으로 진행해야 하는 경우 구형 서가에서 장서를 빼는 작업에서부터 꼼꼼한 라벨링을 통해 상자별로 책을 빼두는 것이 중요하다. 다행히 최근에는 도서관 전문 이사업체도 있다고 하니 상황은 점점 나아지고 있는 것 같다.

2층 침대형 열람석. 딱딱한 분위기를 없애고 좁은 공간을 효율적으로 이용하기 위해 배치했다. 안전에 대한 우려가 있었으나 특색 있는 공간 만들기에 찬성 의견이 많아 제작할 수 있었다.

친숙한 공간을 위한 침대형 열람석

학교도서관이 만화방처럼 편안하고 친숙한 공간으로 거듭나게 할 방법에 대해 고민하던 끝에 2층 침대형 열람석을 마련했다. 학교도서관이라는 공간이 정숙하고 딱딱한 공간이라는 인식을 벗어나기 위한 장치로, 좁은 도서관 공간 활용을 극대화할 수 있도록 많은 고민을 통해 마련한 것이다.

다행히 학교 관리자분들과 위원회로 활동한 선생님들 모두 그런 특색 있는 공간을 마련하는 데 동의했다. 1층의 층고가 낮아 생길 수 있는 안전 문제, 그러나 1층의 층고를 높이면 2층에서 뛰어내리다 생길 수 있는 안전 문제, 실제 독서를 위한 조도 등을 고심하여 시방서 작성에서부터 심혈을 기울여 제작했다.

서가 정리가 끝난 모습. 전자자료 열람석은 모서리에 둥근 열람대를 추가해 안전성을 확보했다. 층고에 맞춘 철제 서가 덕분에 좁은 공간에서도 효율성을 높였다.

전자자료를 열람할 수 있는 열람석도 정비했다. 전자자료 열람석의 경우 제작해서 배치하고 보니 각진 모서리가 여러모로 신경 쓰였다. 이에 모서리를 없앨 수 있는 둥근 열람대를 추가로 배치하여 안전성과 심미성을 제고했다.

좁은 도서관 공간에 꼭 맞는 ———
맞춤형 가구

책과 사람을 연결하는 공간

——— 맞춤형 가구로 진행을 하니 좁은 도서관의 공간 효율성을 극대화할 수 있어서 좋았다. 무엇보다도 자투리 공간을 최소화할 수 있었다. 우선 기성 서가는 7단 이하 서가만 있었는데 8단 서가로 제작하여 학교도서관 공간에 비해 많은 장서를 지닌 한계를 극복하고 향후 장서량이 증가할 때를 대비할 수 있었다. 다만 서가의 철제 프레임 내구성을 고려하다 보니 40각, 즉 4cm로 제작한 것은 과욕이었다. 30각, 즉 3cm만으로도 서가의 내구성은 충분하다. 이 부분이 개선되었다면 더 많은 자료를 효율적으로 배가할 수 있었을 텐데 하는 아쉬움이 남는다.

장서와 프로그램의 내실 있는 운영과 함께 학교도서관의 인테리어는 이용자에게 편안한 학교도서관으로 다가가는 데 매우 중요한 역할을 차지한다. 대구 서부고 도서관에서는 좁은 공간을 따뜻하면서도 정보 접근에 효율적인 곳으로 꾸리기 위한 노력을 기울였다. 학교 안에서 가장 핵심적이고 대안적인 그리고 그러한 학교도서관 공간을 바탕으로 책과 사람, 사람과 사람을 연결하는 수많은 이야기가 이어지고 있다.

학교도서관 감성화사업으로 달라진 공간

이현애
횡성여고 사서교사

아무도 모르는 학교도서관

——— 대한민국 우수시설학교 대상을 받고 전국에서 일 년 내내 학교 구경을 오는, 대단한 신설학교에서 개교 때부터 4년간 근무하다가 2019년 학교를 옮기게 되었다. 학기가 시작되기도 전인 2월, 교육과정 함께 만들기 주간에 학교에 갔는데 교사마다 도서관에 대해 한마디씩 했다.

"아휴, 거기 난방기도 없고 사람이 있을 수가 없는데."

"난 학교 온 지 2년 차인데 도서관에 가본 적이 없어요."

"도서관이 어디에 있는지도 몰라요."

사서교사는 물론 학교도서관 실무자도 배치되지 않았던, 학교도서관 담당교사와 도서부 아이들이 하루 30분 정도 점심시간에 잠깐 개방했던 학교도서관은 시설뿐만 아니라 모든 게 멈춰 있고 휑뎅그렁했다. 나는 기대 없이 도서관을 둘러보면서 굳은 다짐을 했다.

'올해 학교도서관 환경개선사업이 오면 무조건 신청해서 도서관을 좀 바꿔봐야겠다!'

그런데 3월 초면 시행된다던 학교도서관 환경개선사업 신청 공문이 오지 않았다. 알아보니 추경에 반영하여 사업 확장을 해서 5월 말에나 공문 시행이 된다는 것이다.

마냥 기다리고만 있을 수 없어 일단 도서관 정리를 시작했다. 작년 대출 통계를 보니 하루 대출권수가 평균 1.06권인데, 이건 거의 아무도 오지 않는 도서관이었다는 뜻이다. 그래서 일단 지역교육지원청에서 장서 점검기를 대여해 장서 점검을 했다. 버려야 할 책들이 전체 장서수의 7%를 훌쩍 넘어 올해 폐기할 수 있는 최대 권수의 책만 폐기하고, 서가 정리를 다시 했다. 그 와중에 학교 여기저기에 굴러다니던 책들이 도서관으로 왔다. 300여 권의 책들을 분류하고 목록 정비 작업을 해야 했다.

바깥은 따뜻한 봄 햇살이 내리쬐었지만 도서관은 제대로 된 난방기구 하나 없어 추위와 싸우며 먼지 쌓인 책들을 정리했다. 3월 내내 서가를 뒤집어 책들을 정리하고, 버려야 할 책들을 버리고, 쓰지 않고 방치되었던 가구들을 이리저리 옮겨서 처음과 다른 분위기의 도서관을

장서 점검 모습과 폐기 도서. 낙후된 도서관 환경을 개선하기 위해 장서 점검을 실시하고 최대 폐기 권수를 폐기한 다음 목록 정비 작업을 실시했다.

만들었다. 얼추 도서관 정리가 끝나가자 다른 선생님들도 분위기가 확 달라졌다고 알아봐 주었다. 얼른 교사, 학생에게 도서 구입 신청서를 배부하고, 세월호 도서 전시회를 하면서 사람들이 찾는 도서관을 만들기 위해 노력했다.

도서관 감성화 사업 선정

───── 5월이 되자 학교도서관 환경개선사업 신청 공문이 왔다. 예년에는 학교당 2,000~3,000만 원 정도 예산을 줬고, 대상 학교수도 그리 많지 않았는데, '학교도서관 감성화사업'이라는 이름으로 사업비가 5,000만 원부터 2억 3,000만 원까지 어마어마하게 상향되었고, 대상 학교수는 무려 100개 학교였다. 게다가 마침 학교를 방문한 교육감에게 교장선생님이 도서관 위치를 아이들이 접근하기 쉬운 곳으로 옮기고 싶다고 제안했고, 흔쾌히 동의해 주었다.

과거 3,000만 원 예산으로 리모델링을 했던 경험을 살려서 사업 신청 계획서를 작성했다. 다행인 것은 접근성이 좋은 장소로 옮기게 되었다는 점, 시설비는 물론 비품 구입비까지 넉넉하게 신청할 수 있는 여건이라는 점, 강원도교육청에서 컨설팅까지 해준다는 점이다.

짝이 맞지 않는 네 종류의 서가, 본체 없이 덩그러니 놓여 있는 모니터, 과학실 현대화 사업으로 도서관으로 자리를 옮겨 책상을 대신하는 실험대, 교사용 책상을 대신하는 17년 된 대출반납대, 용도 폐기한 프린터, 석유를 길어 와야만 쓸 수 있는 데다가 석유 냄새가 너무 심해 사용하지 못하고 있는 난로와 안녕을 고하고 싶었다. 모든 것들을 쥐어

리모델링 이전의 횡성여고 도서관. 검색대는 본체도 없이 자리만 차지하고 있었고, 과학실의 실험대가 책상 대신 놓여 있었다. 교사용 책상을 대출반납대로 썼으며 활용도가 높지 않은 화이트보드가 차지하는 공간이 많았다.

짜내서 총 8,000만 원 사업비의 계획서를 제출했다. 그런데 사업 계획서를 제출하고 좀 더 구체적으로 시설비를 알아보는 과정에서 훨씬 많은 금액이 필요함을 알게 되어 난감했다.

 다행히 사업 계획 타당성 심사를 위해 실사를 하러 지역교육청 장학사와 담당 주무관이 방문했다. 현재 도서관 공간과 이전할 공간에 대해 설명하고 예산을 너무 적게 신청한 것 같다, 비품도 하나도 없어서 모두 새로 구입해야 한다며 상향 조정해 주십사 부탁드렸다. 드디어 기다리던 학교도서관 감성화사업 선정학교 명단 공문이 도착했다. 사업비도 9,800만 원으로 상향 조정되었다.

계획서를 쓰는 동안 '여기는 이렇게 하고, 저기는 저렇게 하고, 여기는 어떤 가구를 넣고, 조명은 무엇을 쓰고……' 이런 생각에 설레었고, 계획서를 보낸 다음에는 '선정이 될까? 예산은 얼마나 책정이 되어서 올까?' 기대되었다. 그런데 딱 여기까지였다. 학교도서관이 이전하고, 그 자리에 예술문화복합공간이 들어오게 된 것이 문제의 발단이 되었다. 두 곳을 한꺼번에 공사하려면 입찰을 해야 하며, 입찰을 하려면 설계 용역부터 시작해야 한다고 했다. 설계는 아예 계획에 없었기에 설계비를 반영하지 않고 예산을 받은 것이라서 첫 시작부터 난관에 봉착하게 되었다.

가뭄에 단비 같은 현장 컨설팅

───── 6월이 넘어가고 있었는데, 학교도서관 감성디자인 프로젝트와 문화예술복합공간을 같이 설계를 받으라는 행정실장의 말에 따라 급히 인맥을 총동원하고 수소문해서 설계사를 찾았다. 여름방학에 맞춰 공사를 하고 싶은데 설계에만 무려 6주 정도가 걸린다고 했다. 게다가 비품비를 빼면 절반 정도를 시설비로 쓸 수 있는데, 설계사는 대뜸 "바닥 공사 천만 원, 전기공사 천만 원, 벽면 공사 천만 원, 서가 짜는 데 천만 원"이라고 했다. 이건 불가능한 일이 아닌가 조바심이 났다.

이제 기대할 것은 단 하나, 강원도교육청에서 해준다는 현장 컨설팅만 남았다. 대학교수와 현장에서 학교도서관 리모델링 경험이 많은 선선생님이 6월 25일, 학교에 찾아왔다. 컨설팅을 위해 미리 교사와 학생들에게 설문을 통해 현재 도서관이 어떻게 활용되고 있으며, 앞으로 어떤 도서관을 만들고 싶은지 알아보았다. 학교도서관 감성디자인 프로젝트에서 가장 좋았던 것이 바로 이 현장 컨설팅이었다.

이전할 도서관을 직접 보고, 내가 구현하고자 하는 도서관의 모습을 그린 평면도를 보여 드렸더니 하나하나 세심하게 컨설팅을 해 주었다. 복도 쪽으로 전면 통유리문과 창이었던 부분을 막지 말고, 오히려 횡성여고만의 차별화 요소로 활용하여 뒤판이 없는 벽면 서가를 제작 설치해서 도서관스럽고 낭만적인 분위기를 연출할 것을 제안해 주었다. 또한 붙박이 가구를 많이 만들지 말고 가변형으로 구성하라는 것이 큰 도움이 되었다. 덩치 큰 가구들을 붙박이로 해 놓을 경우, 공간을 바꾸고자 할 때 예산이 많이 들고, 대규모 공사로 이어질 수 있다는 조언이었다. 이러한 조언을 얻고 '안이 들여다보이는 도서관, 지나칠 수 없는 도서관, 들어오면 나가기 싫은 도서관, 편안한 휴식이 가능한 도서관, 모든 활동이 가능한 도서관, 금지가 없는 도서관, 학교의 다른 공간과 확연히 차별되는 도서관'을 디자인하자고 결심했다.

내가 생각하는 도서관 공간 디자인에서 중요한 기준은 다음과 같다.

- 사람(이용자) : 사용하는 사람에 맞추어 서가 높이, 서가와 서가 사이 공간, 책상과 책상 사이의 거리, 심지어는 출입문의 폭을 가늠할 수 있다. 그리고 이용자가 가장 편안하게 이용할 수 있는 동선을 고려하는 것도 사람을 첫 번째로 놓아야 가능하다.

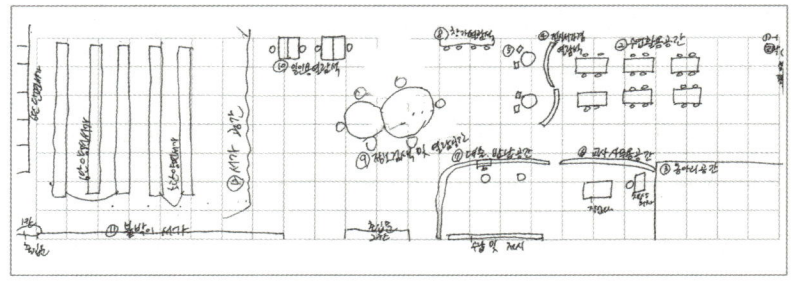

손으로 직접 그린 도면과 3D 설계도. 동선과 빛, 가구 배치 등을 고민하며 여러 번 수정을 거쳤다.

- **색과 빛의 조화**: 도서관의 전체적인 색이 자연스럽게 어우러지도록 두세 가지 색을 적절히 활용한다. 색과 조명을 따로 뗄 수 없는 이유는, 두 가지 요소가 도서관의 분위기를 좌우하고 편안함을 조성하기 때문이다. 이것이 제대로 되지 않았을 때 피로도를 높일 수 있다.

- **가구**: 공간의 목적에 맞게 디자인된 알맞은 가구 구성이야말로 도서관에 머무는 시간에 대한 즐거움을 준다. 기능과 감성적 가치가 함께 녹아 들어간 가구 배치에 세심히 신경 써야 한다.

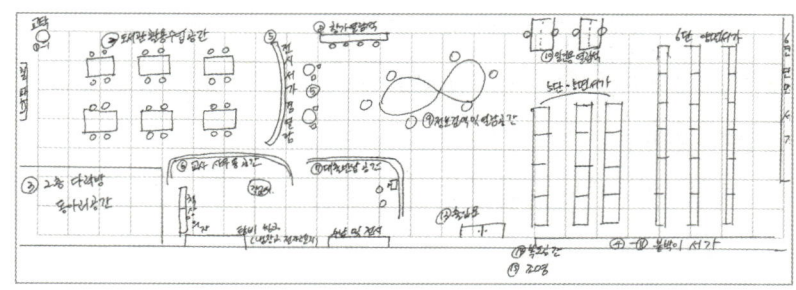

손발을 맞춰 갈 업체를 찾다

강원도교육청으로부터 도서관 설계 컨설팅을 받는 모습을 눈여겨본 미술선생님이 문화예술복합공간도 컨설팅을 받아야겠다며 신청했다. 그러자 문화예술복합공간은 시설비 없이 비품비로만 가능할 것이라고 했다. 다시 세부적인 공간 계획을 잡았다. 이제 5,000만 원에서 수의계약이 가능한 경험 많고 안목 있는 업체를 구하는 일이 남았다.

영월에서 근무하는 사서선생님으로부터 꽤 괜찮은 학교도서관이 있다는 이야기를 듣게 되었다. 학교 이름을 검색하니, 리모델링을 담당한 업체의 홈페이지로 연결이 되었는데 3D 설계도면과 실제 구현된 사진들이 꼼꼼히 올라와 있었다. 이 정도 업체면 괜찮은 도서관 구현이 가능하겠다는 생각이 들어 연락을 했다. 학교 공사 경험이 많지 않았기에 이 프로젝트가 지향하는 '감성디자인'에 더 적합했는지도 모른다.

업체 대표에게 내가 그린 도서관 평면도를 보여 주었다. 이후 미팅 때 도면을 받고 무척 놀랐다. 들어오자마자 출입문을 막고 선 어마어마한 철물 구조가 있었다. 쓸데없는 구조물을 없애고, 넓어 보이는 효과를 내면서 아늑한 공간을 확보하기 위한 아이디어를 짜내다가 평상을 생각해냈다.

여기저기 검색을 하고 자문을 구하던 중 대학로에 있는 북카페를 추천 받아 방학을 이용해 직접 다녀왔다. 누워도 되고, 앉아도 되고, 의자로도 테이블로도 활용 가능하며, 바퀴를 달아 이동도 가능하고, 게다가 아름답기까지 했다. 도서관에 딱 맞는 평상테이블을 발견하고 환호성을 질렀다. 교실 두 칸 반에 불과한 공간에서 서가 공간으로 한 칸, 학습 공간으로 한 칸을 쓰고, 겨우 남는 반 칸으로 차별성을 갖춘 공간을 만드는 데 한계를 느꼈었는데, 그곳을 채울 가장 좋은 아이템을 발견한 것이다. 평상과 빈백, 창가 테이블로 이어지는 공간이 아이들에게 쉼을 주는 공간이 될 수 있었다.

방학 내내 교보문고, 아크앤북, 최인아 책방, 어쩌다 산책 등 유명 서점과 북카페 탐방을 많이 다녔다. 그곳을 참고해서 여름방학이 끝날 무렵 드디어 3D 도면이 완성되었다. 계약을 앞두고 공사 내역서를 두고 여러 차례 실랑이가 있었는데, 학교 공사에 익숙하지 않은 업체와 행정 감사에 대비하고자 하는 마음이 큰 행정실과의 마찰은 피할 수 없는 일인 듯하다. 결국 개학을 하고 열흘이 흘러 드디어 계약에 이르게 되었다.

리모델링 공사 모습. 교단, 대출반납대, 창가 테이블, 수납형 의자 등을 설계 과정부터 포함시켜 공사 중에 제작했다.

전기 공사와 비품, 결정의 연속

───── 공사에서 처음 진행한 것은 철거였다. 이전해야 하는 공간에 있던 집기들을 옮기고, 설치되었던 시설들을 철거했다. 철거가 끝난 후에는 목공 팀이 들어와서 교단, 대출반납대, 창가 테이블, 수납형 긴 의자 등을 현장에서 직접 짜고, 벽면 석고보드 작업을 했다. 이 작업을 하기 전에 미리 맞추어야 할 것이 콘센트와 랜선의 위치이다. 공사 때 미리 챙기고 위치까지 짚어 주면서 콘센트와 랜선 위치를 맞추었으나, 공사를 다 마치고 난 뒤 랜선이 작동하지 않아서 크게 고생했다. 전기 공사 업체에서는 위치에 맞게 선을 뽑는 일을 할 뿐이지 작동 여부는 본인들도 알 수 없다고 해 난감했다. 결국 벽체 중간을 뚫고 전선과 랜선을 뜯어내고 허브를 달아서 랜선을 살려야 했다. 이런 오류를 범하지 않으려면, 도서관에 들어오는 인터넷 선이 몇 개인지를 정확히 확인해야 한다. 이전한 도서관에 인터넷 선이 3개만 들어오는데 6개의 랜선을 뽑아 놓으니 작동하는 것이 3개밖에 없었던 것이다.

3D 도면까지 받고 공사를 시작했으나, 그것으로 모든 게 정해진 것은 아니었다. 공사과정에서 골라야 하는 것이 너무 많았다. 바닥 데코타일, 시트지, 타일, 출입문, 파티션, 조명 등 공사 과정 하나를 거칠 때마다 그에 맞는 색과 재질, 형태를 선택하고 결정하는 일은 늘 불안을 동반할 수밖에 없었다. 왜냐하면 건축 자재의 특성을 잘 모르기 때문에 확신이 들지 않기도 했고, 한번 결정하면 나중에 마음에 안 든다고 바꿀 수 없기 때문이다. 색상을 고를 때는 미술 선생님에게, 건축 자재 특성은 공사관계자 분들에게 조언을 구하면서 진행했다.

리모델링 공사가 끝난 횡성여고 도서관. 창가 쪽 테이블은 의자의 색을 달리해서 부드러운 느낌을 주었고, 포인트 조명과 줄 조명 등을 달아 따뜻한 분위기를 연출했다. 또한 빈백을 두어 편안하게 책을 읽을 수 있는 공간도 마련했다.

도서관 디자인에서 전체 색상과 조명은 중요하다. 횡성여고 도서관은 3가지 색을 어우러지게 배치했다. 진한 초록을 포인트로 하고, 가구류는 나뭇결을 살린 베이지, 벽면은 화이트를 사용했다. 조명도 기본 형광등에 포인트 조명을 여러 개 달고, 줄 조명과 서가 턱조명까지 다양하게 사용했다. 조명을 다 설치하고 나니 과한 느낌이 살짝 들었다.

비품과 전자기기로 도서관 채우기

시설 못지않게 비품 선정이 중요하다. 이전할 비품은 서가 6개, 정기간행물 서가, 북트럭뿐이었다. 이외에 책상과 의자를 비롯한 가구류, 데스크탑, 전자영상기기, 바코드스캐너, 북엔드를 포함한 도서관 용품을 구입해야 했다.

서가를 새로 더 구입하려면 서가가 들어갈 공간과 길이가 맞아야 하기 때문에 줄자는 필수 소지품이었다. 나라장터 쇼핑몰과 학교장터 쇼핑몰을 이용해야 하기 때문에 가구가 들어온 다음에는 반품도 힘들어 가구 배치에도 세심히 신경을 썼다.

수업 공간을 채울 책상과 의자로 2인용 카페 테이블 같은 탁자를 고르고 원목 의자를 놓았다. 서가의 경우, 5단 서가는 재활용했고 6단 서가를 새로 구입했다. 고등학교 교구 설비 기준에 의하면 6단 서가가 적합하다. 도서관 책이 점점 늘어나는 것은 이미 정해진 일이고, 공간은 계속 늘리지 못하기에 책을 더 많이 소장할 수 있는 서가를 구입하는 것은 당연한 일이었다.

전자 교탁이 자리를 많이 차지한다는 컨설팅을 받았지만 이전 학교에서 써 본 경험이 있어 편리성 때문에 과감하게 들여 놓았다. 그리고 대출반납용 컴퓨터는 공간을 차지하지 않는 일체형으로 놓았고, 학습과 검색 겸용으로 쓸 컴퓨터로 노트북 3대를 구입했다. 태블릿 PC도 생각했으나 학교망에서 와이파이 구현이 되지 않는다는 단점 때문에 노트북으로 최종 결정했다. 그리고 학교도서관 공간 연수 때 교수님께서 전자도서관을 지양하라는 말씀에 공감하여 전자기기는 최소한으로 들여 놓았다. 도서관을 도서관답게 하자는 생각이 컸다.

아쉬움이 남는 마무리

공사 날짜를 맞추느라 실내 시설 공사를 마치지도 않은 상태에서 가구와 영상기기 등의 비품을 들여놓게 되었다. 그러는 과정에서 골치 아픈 일이 발생했다. 화이트보드를 스크린 삼아 빔 프로젝터를 연결해야 하는데 화이트보드를 연결하는 칠판 쪽 수납장이 완성이 되지 않았다. 그런 상태에서 서울에서 온 기사님이 설계 도면만 보고

화이트보드와 수납장. 빔 프로젝트를 미리 설치하는 바람에 화면이 잘리는 상황이 발생해 아쉬움이 남았다.

서가에 설치한 분류사인. 주제를 바로 확인해 원하는 책을 찾을 수 있도록 크기가 다른 분류사인을 만들어 설치했다.

영상기기를 설치하고 갔다. 나중에 칠판 쪽 수납장이 완성되었는데 빔이 잘렸다. 다시 설치해 달라고 했더니 출장비만 40만 원을 달라고 했다. 결국 노트북을 설치해 준 지역 업체 대표와 고민을 하다가 칠판 수납장 윗부분을 잘라내고, 빔을 앞으로 최대한 당겨서 맞춰 보기로 했다. 칠판 윗부분이 만족스럽지 않게 마무리되었고, 간신히 빔을 칠판에 맞출 수 있었다. 그래서 지금도 그쪽 부분을 쳐다보면 아쉬움이 있다.

    책은 주말을 이용해 옮겼다. 전문 이사 업체가 아니라 그동안 공사해 주었던 분들 중에 철거를 맡았던 분들과 서로 안면이 있는 분들이 오셔서 책을 컨테이너 박스에 담아 옮겼다. 서가에 번호를 매기고 분류번호를 적어서 복사를 한 후 차례로 옮겨야 한다고 설명했으나, 슬프

게도 일하시는 분들이 도서관 경험이 전혀 없어 잘 이해하지 못하셨다. 차례로 옮겨 담았으면 내가 구상한 대로 자리를 잡아가면서 배가를 할 수 있었을 텐데, 역시나 배가는 오로지 나 혼자만의 일로 남는 것 같았다. 이틀간 책을 옮기고 분류에 맞춰 배가하는 데 일주일이 넘게 걸렸다. 도움반 친구가 도서관 업무를 배우는 차원에서 일주일 동안 하루에 두 시간 정도 특수 교사와 함께 와서 도움을 주었다.

분위기를 바꾸는 분류사인, 실내화, 수납공간

――――― 리모델링의 마지막 단계는 분류사인을 만드는 일이었다. 모두 세 가지 형태의 분류사인을 만들어서 서가에 꽂거나 돌출시키거나 올려놓았다. 큐브형 아크릴 소재의 대분류사인을 구입하여 서가 위쪽에 올려놓음으로써 한눈에 주제를 확인하여 책을 찾을 수 있도록 했고, 돌출형의 분류사인으로 구분해줌으로써 대분류를 찾은 후 소주제에 쉽게 접근하도록 했다. 특히 문학 쪽은 저자 구분까지 상세히 해서 책을 찾는 시간을 줄이도록 했다.

두 번째는 신발장과 실내화 제작이다. 바닥은 카펫이나 온돌이 아닌 데코 타일로 마감처리했다. 운동화와 실내화를 겸해서 신는 학생들이 오면 흙이나 모래에 의해 데코 타일이 금방 더러워지고 흠이 생길 것이 염려되었다. 하지만 실내화를 신으라고 하면 신발 벗는 게 귀찮아 도서관을 찾지 않을까 걱정되었다. 결국 도서관을 깔끔하게 유지하는 게 좋을 듯해서, 신발장을 제작하고 학교 도서관 이름을 새겨서 실내화를 마련했다. 결과적으로는 만족스러웠다. 아이들은 실내화를 신거나 맨

신발장과 틈새 수납공간. 도서관을 쾌적하게 이용하기 위해 실내화를 착용하도록 따로 신발장과 실내화를 마련했다. 그리고 대출반납대 아래에는 수납장을 두어 수납공간을 확보했다.

발로 편안하게 도서관을 이용했다. 덕분에 도서관에 흙먼지가 쌓이는 일은 없었다.

　세 번째로 컬러박스를 구입하여 대출반납대 아래 텅 빈 부분을 알찬 수납공간으로 만들었다. 어떤 도서관이든 대출반납대 아래 수납이 아쉬웠다. 대출반납대는 널찍하나 아랫부분은 텅 비어 있어 자잘한 수납 공간이 늘 아쉽다. 알록달록한 컬러박스를 구입하여 이어 붙여 수납 공간을 확장할 수 있었다.

　이외에 평상에 올려놓을 방석이나 아이들이 제일 좋아했던 빈백을 추가로 구입하고, 도서관에서 편하게 즐길 수 있는 몇 가지 보드게임도 구입했다.

새로운 도서관을 소개하겠습니다

도서관 감성디자인 프로젝트가 다 끝나고 따로 개관식 계획은 없었으나 교장선생님의 제안으로 교내 선생님들과 다과회 형식으로 떡과 과일, 음료수를 먹으면서 좋은 시간을 보냈다. 그리고 자체적으로 학생들과 도서관 개관 이벤트 행사를 했다. 명화 북키스 책갈피 만들기와 무드등 만들기를 하면서 자연스럽게 도서관 소개도 하고 구경도 하는 시간이 될 수 있도록 했다. 횡성교육도서관의 지원 프로그램 중 하나인 작가 초청 강연회도 마침 개관과 시간이 맞았다. 『회색 인간』의 김동식 작가와 『대한민국 치킨전』의 정은정 작가를 초대해 진행하면서 도서관에서의 활동 영역을 넓히고 아이들에게 새로운 경험을 할 수 있게 해 주었다.

재개관 이후 강원청소년학생기자단으로 활동하는 학생이 새로 단장한 도서관을 주제로 인터뷰를 하고 싶다고 해서 응했는데, 신문에 실린 기사를 보니 학생 인터뷰 내용이 감동이었다.

"지금까지는 도서관을 단순히 책 빌리는 곳이라 생각했는데, 학교도서관이 새롭게 바뀐 후엔 책을 읽으러 가고 싶은 곳이 됐어요. 이현애 선생님의 정성과 노력으로 책을 읽고 싶게 하는 장소를 넘어, 일상 속에서 휴식과 힐링을 주는 장소로 바뀌었습니다. 요즘은 쉬는 시간마다 책을 빌리지 않더라도 휴식을 취하러 도서관에 자주 들릅니다. 그야말로 도서관은 우리 학교의 핫플레이스가 됐습니다. 쉬는 시간에 책을 대출하는 학생들, 점심시간이면 사서선생님께 책 추천을 받는

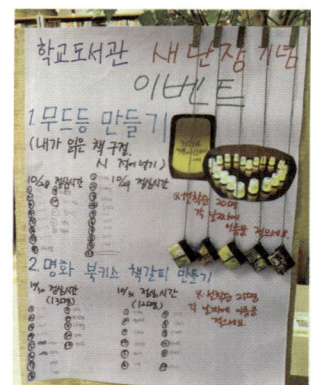 

도서관 새단장 이벤트 홍보물과 작가와의 만남 모습. 무드등 만들기, 명화 책갈피 만들기를 새단장 이벤트로 진행했으며 김동식 작가 초청 강연회도 진행했다.

학생, 보드 게임을 하는 학생, 친구들과 모여 앉아 대화를 나누는 학생 들이 많이 자주 찾아와요. 전과는 다른 활발한 분위기가 조성되어 학생들에게 힐링을 주는 도서관으로 바꿔주신 사서선생님께 정말 감사한 마음입니다."

대단한 도서관 리모델링 경험은 아니었으나, 교실 두 칸 반 형태로 할 수 있는 도서관 공간의 최대치를 끌어올리고자 노력했던 시간들을 남길 수 있게 되어 감사하다.

미래를 품는 공간으로 변신한 학교도서관

황혜란
창원명지여고 사서교사

학교가 변하고 있다

2007년 한 학년당 15학급인 창원에서 아주 큰 규모의 중학교에 사서교사로 첫 출근했다. 교실 3칸을 합친 크기의 학교도서관은 학교의 꼭대기층에 자리 잡고 있었다. 리모델링한 지 1년이 채 되지 않았기에 당시로서는 최신 시설을 갖춘 꽤 괜찮은 학교도서관이었지만, 위치 때문에 아이들이 쉽게 드나들 수 없는 곳이었다. 그로부터 10여 년이 지난 지금 전체 학년을 합해도 과거 한 개 학년 학급 수 정도로 규모가 줄었다. 학교 교실의 3분의 1이 유휴 공간이 된 것이다. 이런 상황은 다른 학교도 마찬가지여서 최근 들어 학교 공간에 관심을 갖는 사람이 늘고, 학교공간혁신사업이 활발하게 이루어지는 것은 당연한 일이다.

매년 각 지역 시도교육청에서는 학교도서관 환경개선사업 공모를 한다. 선정 학교별로 적게는 2천만 원에서 최대 1억 5천까지 지원금을 주지만, 지난 20년간의 물가상승률에 비하면 현실화되지 못한 상태다. 각 시도교육청의 학교공간혁신사업이 큰 활기를 띠면서 경상남도교육청 도서관독서담당 부서도 발 빠르게 학교도서관 공간혁신 TF팀을 구성했다. 미래교육을 구현하기 위하여 학교별로 특색 있는 학교도서관 공간을 구성할 수 있도록, 학교도서관 환경개선사업 공모시 각종 지원 규제를 완화하고, 지원금도 최대 3억으로 확대했다. 이렇게 공모 규제가 완화되고 시설개선지원금이 대폭 확대되니, 학교별로 특색 있는 도서관 공간을 구성하기 위해 고민하게 되었다.

경남교육청의 학교도서관 환경개선사업과 관련된 특색도서관 공간 구성에 대한 공문을 보니 우리 학교도 지원할 수 있는 여건이 되었다. 하지만 선뜻 나서기 어려웠던 차에 도서부 부장과 상의를 했더니 아이들은 적극적이었다. 도서관에 오면서 불편했던 이야기, 도서부 활동을 하면서 불편했던 이야기를 하면서 학생들의 의견을 반영한 학교도서관을 만들어보고 싶다고 진지하게 이야기했다. 혼자 진행하기에는 버거운 일을 도서부 학생들 덕분에 큰 용기를 낼 수 있었다.

먼저 교장선생님, 교감선생님, 행정실장님에게 경남교육청 학교도서관 환경개선공모사업에 참여하고 싶다고 했더니 기꺼이 허락하셨다. 게다가 학생회도 동참하고 싶다고 나섰다. 창원명지여고의 학생들이 원하는 특색 있는 학교도서관 만들기 프로젝트는 이렇게 첫발을 내딛게 되었다.

학생이 바꾸는 도서관 공간

도서관 위치를 바꾸어야 한다고 생각해 도서부와 학생회 학생들에게 일주일간 해야 할 미션을 주었다.

첫째 학교 공간을 구석구석 살펴볼 것.

둘째 등교 시간, 쉬는 시간, 점심시간 동안 선생님과 학생들 동선을 살펴볼 것.

도서관을 새로운 곳으로 옮기는 게 가능한지 반신반의하는 도서부

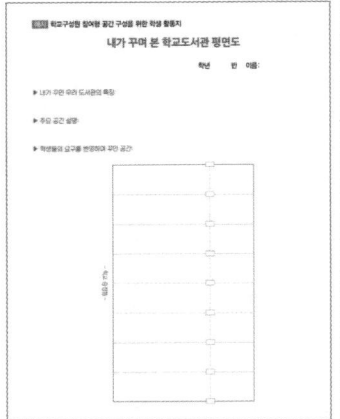
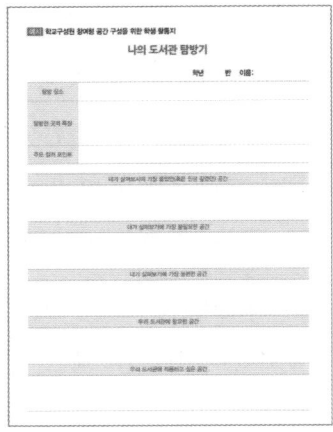

참여형 공간구성을 위한 학생 활동지. 도서부와 학생회 학생들은 직접 도서관 평면도를 그려보고, 인사이트 투어를 통한 탐방기를 작성해 발표했다.

와 학생회 학생들에게 먼저 학교도서관의 기능과 역할, 변화된 도서관에 요구되는 것들에 대해 알려 주었다. 그러고는 도서관의 본질적인 역할에 충실하면서 새로운 역할을 추가하는 게 가능할 만한 위치를 찾아보라고 했다. 사실 마음속으로 원하는 장소를 정해 두었지만, 아이들의 의견을 듣고 싶어 내색하지 않았다. 더불어 학생들의 도서관에 대한 이해도를 높이기 위하여 공공도서관, 대학도서관, 북카페, 만화방, 서점, 공간 전시회 등 인사이트 투어도 함께 병행했다. 학생들은 신이 났고, 자신들의 의견에 귀담아 듣는 선생님을 신뢰했다. 이후 학교도서관 시설환경 개선사업 추진위원회에 학생위원을 두어 도서부와 학생회가 조사한 자료들을 발표하였으며, 건축사가 설계할 때 학생들의 의견을 적극 반영할 수 있도록 했다.

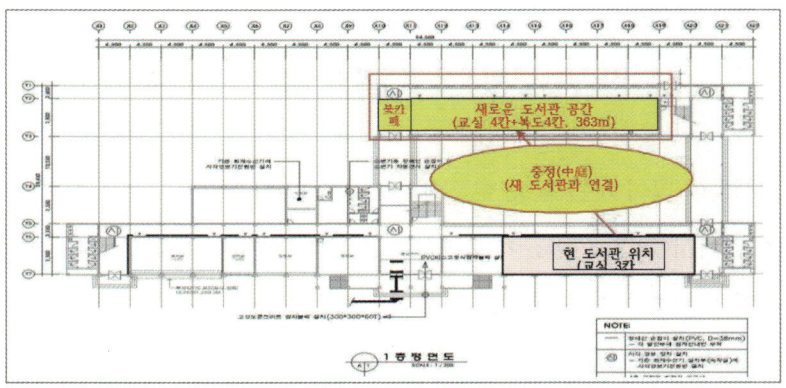

1층 평면도. 1층 평면도에 기존 도서관과 새로운 도서관 자리를 표시하고 중정과 직접 연결이 가능한지 알아보았다.

일주일 동안 아이들은 역할 분담을 해서 도서관 이동 경로 및 이용 범위, 각 시간별 학생들의 행동 패턴, 학생들이 많이 이용하는 공간, 학생들의 이동 동선 등을 면밀히 살펴보고 기록했다. 또한 학교의 각 공간에 대한 평가도 동시에 했다. 그 결과 최종적으로 결정된 학교도서관 위치는 놀랍게도 내가 염두에 두었던 곳과 일치했다. 새로운 도서관 위치에서 중정으로 바로 나갈 수 있을지 살펴보았는데, 이동 통로라 소방법과 지진대 설치로 벽을 트는 건 불가능했다. 혹시 학교도서관 리모델링을 염두에 두고 있다면 사전에 소방법, 구조안전진단, 내진성능평가, 석면공사 여부 등 관련 법과 지침들을 필히 찾아보기 바란다.

학생들의 능동적인 학교 공간에 대한 활동을 통해 창원명지여고 책숲봄 도서관은 학교에서 가장 예쁜 중정과 자판기와 가장 가까운 미술실과 가사실이 있는 곳으로 이동할 수 있게 되었다.

불편한 거, 바라는 거 모두 환영!

―――― 도서부에게는 평상시 활동하면서 불편했던 부분과 학교도서관에 대한 불편사항을 수집해 오도록 했다. 더불어 학교도서관에 와서 학생들이 많이 하는 활동, 이동 범위 등을 면밀히 살펴보도록 했다. 그러자 앉아서 책 읽을 공간이 부족하고 프로젝트실이 너무 교실 같다, 검색대가 부족하다, 서가 사이가 좁다, 너무 어둡다 등의 의견이 나왔다.

또한 각 반별로 '새 도서관에 바란다!'라는 설문조사를 실시했는데

리모델링 이전의 창원명지여고 도서관. 서가 사이가 좁고 어두웠으며, 장서량에 비해 서가와 열람공간이 부족했다. 아트홀 공간은 학생들이 거의 이용하지 않고 넓은 복도는 비어 있는 경우가 많았다.

재미있고 실용적인 다양한 의견들이 나왔다. 와이파이 되는 도서관, 다양한 열람 공간, 동아리 활동 공간, 쉴 수 있는 공간, 침대·매점과 결합된 도서관, 영화나 음악이 있는 도서관, 2층 다락방 공간, 카페 같은 도서관, 새 책이 많은 도서관, 푹신한 소파나 빈백과 쿠션이 있는 편안한 도서관, 복사기나 프린트를 사용 가능한 공간. 물론 실현하기 난감한 내용들도 있었다. 다양한 활동들을 바탕으로 도서부 학생들에게 학생들이 원하는 내용을 넣어 학교도서관 공간을 꾸며서 발표해 보도록 했다.

도서부와 학생회 학생들이 활동하기 전 학교도서관의 역할과 기능 등에 대해 사전교육을 했다. 그 영향인지 설문 내용을 보고 실현 가능한 것과 불가능한 것들을 스스로 구별하며 공간을 구성했다. 그 모습을 보니 학교도서관에 대한 사전교육이 필요함을 느꼈다.

도서관 설계 전에 꼭 미리 살펴야 할 것들!

──── 학교도서관 시설개선사업에 선정이 되고 최근에 리모델링 사업을 마친 잘 완성된 학교도서관을 수소문했다. 지역 내에서 찾는다면 지역 사서교사협의회를 통하거나, 학교도서관지원센터 혹은 시도교육청 업무 담당자에게 묻는 것이 가장 좋다. 전국사서교사 단체카톡방을 이용해 각 지역의 좋은 학교도서관을 소개받았는데, 그중 강원 지역의 춘천여고, 서울 지역의 영신고, 인헌고, 숙명여고, 중대사대부고를 견학했다. 경남 지역은 사천 용남중(단독 건물), 창원 용남초(중앙 현관), 신월중(3억 지원교)을 돌아보면서 학교의 특색에 맞게 꾸민 도서관을 참고했다.

그리고 설계에 들어가기 전 도서관 공간의 폭과 높이, 너비 등을 정확하게 실측해 두면 좋다. 특히 복도 공간과 합쳐질 경우 기둥의 위치를 정확하게 파악해 두면 나중에 공간구성시 큰 도움이 된다. 교실 넓이는 규격화되어 거의 모든 학교가 동일하겠지만, 실측하면 학교 평면도와 조금씩 차이가 날 수 있다. 창원명지여고는 평면도에서 천장 높이가 260cm였는데, 실측하니 높이가 253cm이였다. 처음 좀 좁다고 느낀 것이 다른 학교에 비해 천장 높이가 7cm가 낮았기 때문이었다. 천장 높이는 창의력에 영향을 준다고 하니 이 점도 참고하길 바란다.

실질적인 설계에 들어가면 건축설계사는 도서관 공간의 크기와 위치 파악만 하고, 도서관에 있는 비품이나 장서량에 대해서는 크게 고려하지 않는 경우가 많다. 이때 담당자가 미리 파악하지 않으면 서가 공간이 부족해 난감해지거나 다시 설계를 해야 하는 불상사가 발생할 수 있다. 반드시 이전 도서관에서 폐기할 비품과 계속 사용할 비품들을 파악하도록 하며, 특히 설계 기간 동안 장서 점검을 하여 폐기 비품과 폐기 자료는 공사 시작 전에 폐기할 수 있도록 한다.

다만 장서량에 대한 서가 개수를 파악할 때는 다음을 참고하자. 먼저 현재 도서관 서가 한 칸에 최대로 들어가는 책의 수량을 대략적으로 파악한다. 중·고등학교를 기준으로 90cm 서가 한 칸에는 약 50권의 책을 꽂을 수 있다. 이때 최대 장서량의 75%인 37권을 서가 한 칸에 비치하도록 하였다. 이렇게 해서 계산을 하면, 창원명지여고의 보관 장서가능량은 15,000권에서 20,000권이 된다. 이런 계산법으로 나름대로 서가 개수를 예측한 결과 서가가 부족하여 6단 서가를 7단으로 조정하였다.

- 장서량 최대 보관시

    20,000권 ÷ 50권(서가 한 칸) = 400(서가 최소 400칸 이상 확보)

- 장서량 적정 보관시

    37권 × 400칸 = 14,800권(서가 400칸에 약 15,000권 정도 가능)

그런 다음 DLS상에서 주제별 장서량을 파악하여 서가 공간을 대략적으로 파악한다. 각 주제별 서가 공간을 얼마나 부여해야 할지를 살펴보기 위함이다. 예를 들어 100번대의 주제가 한곳에 모이지 않고, 뒤칸으로 넘어가면 이용자도 불편하고, 안내하는 입장에서도 불편할 수 있으니, 같은 주제는 가능한 한 동선 안에서 찾을 수 있도록 한다.

학교도서관 공간을 구성할 때 자료·열람공간, 학습공간, 소통공간, 관리공간 등 포함되어야 하는 필수적인 공간들이 있다. 이런 공간들의 특성과 기능에 대해 고민했고, 이전할 곳의 평면도를 받아 100장 이상 직접 그려 보면서 공간 분할을 고민했다. 여기서 가장 중요한 것이 이용자 동선과 출입구, 대출반납의 위치와 자료·열람공간이었다.

공간에 대한 도서관의 큰 틀을 잡고 나면, 학교도서관 혹은 건축 전문가에게 보여서 컨설팅을 받아 수정·보완하는 것도 좋다. 이전에 학교도서관 리모델링을 담당했던 사서교사나 학교도서관지원센터 사서직원, 학교도서관을 잘 알고 있는 건축가나 문헌정보학과 교수에게 의뢰해 보는 것도 좋다. 설계 전, 설계 수정시, 공사 기간 동안 여러 번에 걸쳐 컨설팅 받을수록 더욱 알찬 학교도서관 공간을 꾸밀 수 있다.

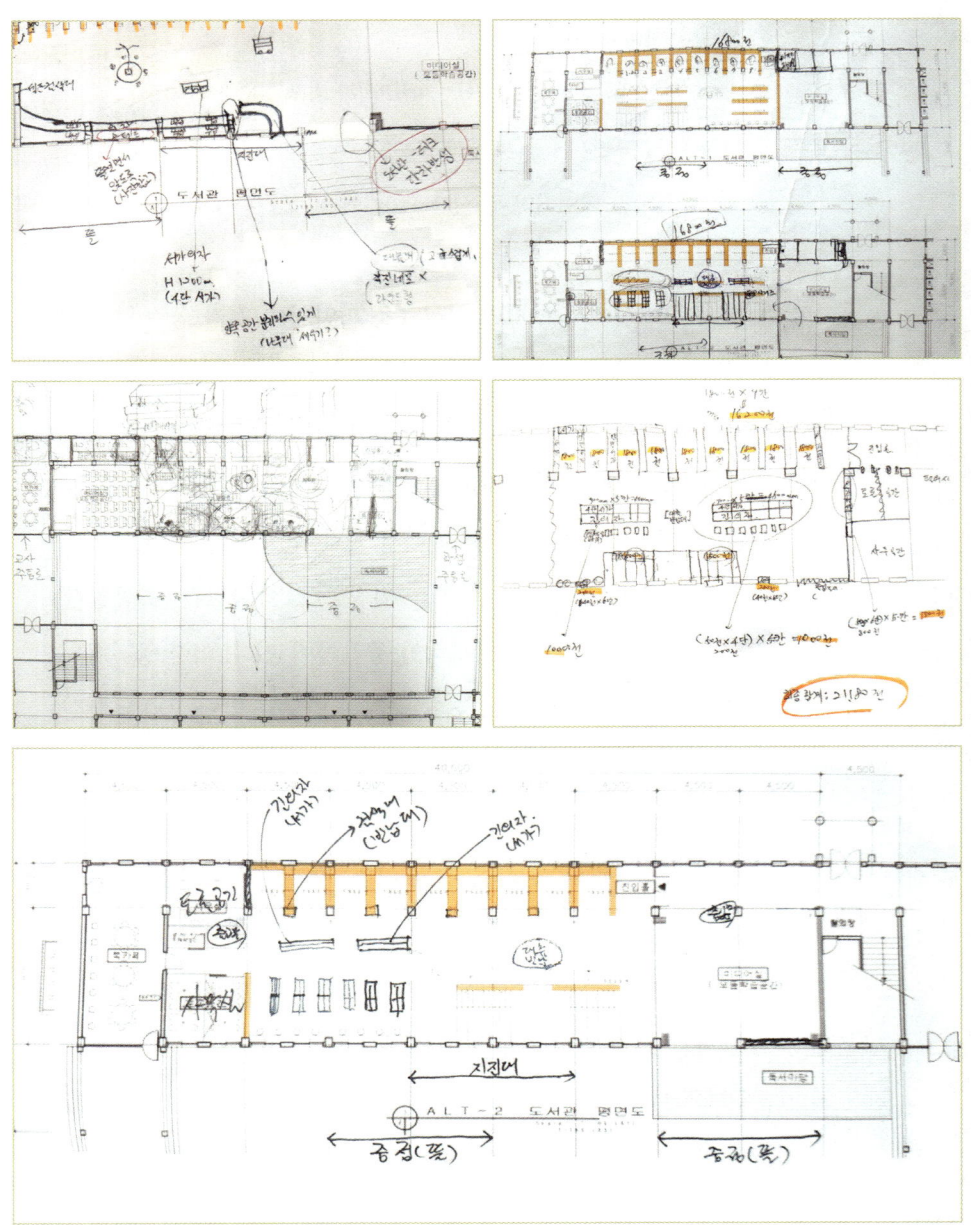

여러 차례 수정한 도서관 평면도. 설계에 들어가기 전 도서관 평면도를 먼저 고민하며 직접 그려 보았다.
설계사에게 자세하게 설명해 주어야 꼭 필요한 공간을 확보할 수 있기 때문이다.

콘셉트 결정이 중요하다

도서관의 전체적인 콘셉트와 실현 가능한 공간을 협의하기 위해 학교도서관 시설환경개선사업 추진위원회를 꾸렸다. 추진위원회 위원을 구성할 때 향후 도서관 공간구성시 색감에 대한 지속적인 의견을 받기 위하여 미술교사와 학교 공간구성에 학생 의견을 최대한 반영하기 위하여 학생대표자(학생회, 도서부)를 반드시 포함하도록 하였다. 이렇게 구성된 추진위원회에서 결정한 창원명지여고 학교도서관 구성 방향은 다음과 같다.

- 학교 중앙 정원과 연결된 자연친화적인 공간이 되도록 한다.
- 책을 도서관 소품으로 전락시키지 않는다.
- 학교구성원들의 요구 중 실현 가능한 것을 추린다. (1인 미디어 제작 공간, 토론실[동아리실], 2층 다락방, 무인대출반납기, 무인복사공간, 카페 분위기, 예쁜 조명 설치 등)
- 학교 공간 어디서든 쉽게 접근할 수 있도록 한다.
- 공간 활용성이 떨어지는 인테리어보다 실용적 공간 활용에 우선을 둔다.
- 도서관과 중앙 정원에 데크를 설치하여 전시, 공연, 야외 독서 공간을 구현한다.

학교도서관 구성 방향이 결정하고 나면, 구체적인 학교도서관 콘셉트를 결정하기가 쉬워졌다. 창원명지여고 도서관의 콘셉트는 '따로 또

학교도서관 공간구성 진행 절차

단계	내용
학교도서관 공간구성 사전 협의 및 공모 사업 신청	• 학교구성원과 충분한 사전 협의 및 계획 수립 • 예산 확보(외부, 내부)를 위한 계획 • 소방법, 구조안전진단, 내진설계 등 관련 법률 검토
우수 학교도서관 견학 및 전문가 컨설팅	• 우수 학교도서관 견학은 최소 5곳 이상 권장 • 전문가(사서교사, 학교도서관지원센터, 건축 전문가 등) 컨설팅 요청 • 학교도서관 공간구성을 위한 체크리스트 작성
학교도서관 환경개선 추진협의회 구성 및 학교도서관 콘셉트 결정 (학교구성원 참여 설계)	• 성립전예산요구서 작성 • 학교도서관 환경개선 추진협의회 구성 • 학교도서관 콘셉트 정하기 • 학교구성원 참여 설계를 위한 의견 수렴
1, 2차 도안 협의 및 수정	• 학교도서관 환경개선 추진협의회 개최 • 설계시 부족 및 추가 공간 협의 • 학교도서관 콘셉트 및 요구 공간 설계 반영 확인
시공업체 선정 및 설계 방향 협의	• 시공업체 선정 • 도서관 공간 콘셉트 및 학교구성원 요구사항 건축 설계 반영 요청 • 학교도서관 환경개선 추진협의회 개최
최종 도안 확정	• 학교도서관 환경개선 추진협의회 개최 • 도서관 장서점검 및 기존 물품 정리 • 도서관 전문 이사업체에 이사 의뢰(도서의 이동 등 전문업체 추천)
공사 착공 및 비품 구입	• 수시 점검 및 공사 시 전기 및 네트워크 공사 연계 • 시설공사 금액에 따른 필요 비품 구입
중간 점검	• 수시 점검 및 전기배선, 콘센트 위치, 냉·난방기 확인
최종 점검 및 정리	• 마감처리, 페인트 칠 등 확인 • 가구 및 비품 등 자리 위치 확인 • 도서관 전기 및 전산장비 연결 확인 • 도서 정리 및 배열
최종 마무리	• 시공업체 검사·검수 후 공사 완료

같이'였는데, 용도에 따라 별개의 공간으로 분리하거나 하나의 넓은 공간으로 확장 가능하도록 했다. 또한 메인 컬러는 기존 서가가 우드 컬러이기에 우드와 블랙으로 잡아 중앙 정원과 어울리는지 고려하여 친환경적 재료와 색상을 조합했다. 그리고 장서량은 최소 18,000권에서 최대 23,000권을 비치할 수 있도록 하였으며 설계시에 도서관 전체를 한눈에 볼 수 있는 대출반납공간, 서가 사이 넓은 공간, 다양한 열람공간(소·중·대규모 활동 공간), 2층 다락방, 1인 미디어 제작 공간, 개별 공간, 토론 공간, 사서교사 사무 공간이 꼭 포함되도록 했다.

설계를 의뢰하기 전까지 학교도서관 환경개선사업 추진협의회는 가능한 많이 개최하도록 권장한다. 사서교사가 도서관 하나에 집중하다 보면 다른 학교 상황을 놓칠 수도 있고, 다양한 의견을 나누다 보면 서로 생각하지 못했던 참신한 아이디어도 얻을 수 있다. 요즘은 지역교육청마다 학교공간혁신사업에 학교도서관 리모델링 사업도 포함하는 경우가 많아 촉진자 과정이나 학교 교육과정 재구성 등을 통하여 많은 학생들의 참여를 더 이끌어 내는 경우가 많다. 이런 다양한 방법을 토대로 학교도서관 공간구성에 학교구성원들의 의견을 담아낼 수 있는 노력도 필요할 것이다.

건축사는 학교 및 도서관에 대한 이해가 필수

────── 도서관 콘셉트가 결정되고 지역에서 제법 크고 유명한 건축사무소를 소개받아 설계를 의뢰했는데, 그다지 반기는 분위기가 아니었다. 그래서 일단 학교에 방문해서 공간을 보고 결정해 달라고 했는

데, 막상 공간을 보고서는 강한 의지를 보였다. 순조롭게 계약은 했지만 크고 유명한 건축사무소에 의뢰를 하면 좋은 설계가 나올 거라는 생각은 큰 후회로 되돌아왔다. 학교도서관은 학교만이 갖는 특수성이 있기에 이에 대한 이해가 없으면 한창 공사 중에 공사 중지 혹은 설계 변경, 설계 추가 등의 복잡한 일들이 발생하게 된다. 그러므로 반드시 소방법, 구조안전진단, 내진설계 등의 학교 공간에 대한 법률적 검토를 할 수 있도록 한다.

설계를 의뢰한 건축사무소는 건축 설계 쪽으로는 유명했지만 도서관에 대한 이해가 전무했다. 한 예로 건축사에게 서가 간격을 넓게 해달라고 하니 1만 권 이하의 장서만 보관할 수 있도록 설계를 했고, 이번엔 서가 공간이 부족하다고 하니 서가 사이를 50cm로 빽빽하게 배치해 버리는 어이없는 설계를 하기도 했다. 이런 과정을 겪지 않으려면 건축사에게 미리 도서관 자료를 제공하거나, 직접 살펴보기를 요청하는 것도 좋다.

건축 설계 기간은 학교마다 차이는 있겠지만 기본적으로 2~3개월 정도이다. 이때 사용가능한 비품과 폐기할 것을 미리 정리하는 것이 좋다.

설계 초안을 처음 받으면 당황할 수 있으니 평면도 및 도면을 보는 방법 정도는 미리 알아두면 좋다. 여러 차례 수정 요구하면서 기본 평면도가 완성되면 평면도와 관련된 어마어마한 도면 책자가 따라올 것이다. 공사시 들어가는 재료, 그 재료의 단가에 따른 예상 금액, 시설 공사시 규격 등이 아주 꼼꼼하게 도면 책자에 하나하나 다 적혀 있다.

이후 공사업체가 결정되면 공사업체는 도면에 있는 내역에 따라 공사를 진행하게 된다.

설계 내역을 짤 때 사전에 건축사에게 요청하면 좋은 팁이 있다. 일단 책장 및 수납장 재료의 두께는 책의 무게를 견딜 수 있도록 22T 이상, 가능한 24T 이상의 두께를 선택하기를 권장한다. 대부분의 기성 가구의 두께가 18T인데, 일정 시일이 지나면 책의 무게 때문에 책장 바닥이 아래로 처지는 것을 보았을 것이다. 그리고 다른 기성품과 호환이 가능하도록 테이블 혹은 앉는 의자 등을 표준화된 높이와 너비, 두께로 제작하도록 한다. 창가 테이블을 제작했는데, 책상 두께를 너무 두껍게 제작하여, 기성품 바의자가 테이블 안에 들어가지 않아 절삭하거나, 불편하게 이용해야 하는 경우도 발생한다.

마지막으로 도서관 책장을 너무 깊거나, 높게 만들어 5단으로 만들 수 있음에도 4단으로 제작해 버려지는 공간이 많이 생기는 경우가 종종 있다. 또한 책장 깊이가 너무 깊으면 책장 안에 책이 너무 깊이 들어가 시안성이 떨어지므로, 사전에 책장의 높이와 너비의 효율적인 사이즈를 재도록 한다.

좋은 공사업체를 만나는 것은 복불복

───── 설계가 완성되면 공사업체를 선정해야 하는데 5,000만 원을 넘게 되면 무조건 공개 입찰을 해야 한다. 간혹 도서관 공사 금액이 5,000만 원 이하라 수의계약을 생각하며 일을 진행시켰는데, 혹시 학교에 다른 공사가 있다면 그 공사 금액과 합산해서 공사 금액이 책정

이 되므로 사전에 도서관 공사와 함께 해야 하는 다른 공사가 있는지 행정실에 잘 알아보도록 한다. 업체의 성격에 따라 공사를 꼼꼼하게 도면대로 잘 해주는 업체, 서비스 시설을 추가로 많이 해주는 업체, 도면 수정 요청을 들어주는 업체가 있는데, 공개입찰로 진행하면 어떤 공사업체를 만날지는 복불복이다.

공사업체 선정은 행정실에서 알아서 진행하는데 어느 업체든 정해지고 나면 제대로 공사가 진행되는지 매일, 매시간 세심하게 살펴보아야 한다. 그런 세심함으로 결과가 달라질 수 있다. 간혹 공사업체 중 담당자가 세부 내역을 잘 모른다고 생각하고 저렴한 자재로 슬쩍 바꾸기도 하니 매의 눈으로 살펴보자. 더불어 내역을 꼼꼼하게 알고 있다는 것을 명확하게 알려 재료를 속이지 못하도록 해야 한다. 원활한 진행을 위해서 감리를 보는 사람을 두는 것도 좋지만 예산이 들기 때문에 행정실과 잘 협의하도록 한다.

공사가 시작되면 전기와 조명, 네트워크 시설, 음향 방송도 함께 시설 공사를 해야 하기에 공사업체와 전기업체, 전자기기업체가 잘 협력할 수 있도록 중간에서 잘 조정해야 한다. 공사기간은 학교에 따라 다르지만 대부분 두 달에서 두 달 반 안에 마무리된다. 공사 완료 후에는 꼭 청소까지 책임지고 할 수 있도록 설계시에 내역에 포함하도록 한다.

공사기간 중 공사업체의 진행 사항 점검도 중요하지만 구입해야 할 비품과 용품, 전자기기, 가구 등을 계획에 따라 구입하여 공사 완료 시점에 넣을 수 있도록 한다.

리모델링 공사 모습. 교실과 복도 사이의 벽을 없애고 공간을 튼 다음 전기 공사를 실시했다. 공사업체와는 공사 중에도 도면을 수정하며 작업을 진행했다.

빛무리 도서관이 책숲봄 도서관으로

─── 창원명지여고의 원래 도서관 이름은 빛무리 도서관이었다. 이번 도서관 리모델링을 계기로 새로운 도서관 분위기에 맞게 도서관 이름과 로고를 공모했다. 공모를 할 때는 새 도서관의 특징과 콘셉트, 지향점 등을 구체적으로 제시했다.

그렇게 공모하여 선정된 도서관 이름이 '책을 보다·숲을 보다·봄을 품다'의 의미를 지닌 책숲봄 도서관이다.

수많은 학교구성원의 의견과 요구, 완성되지 않던 설계, 생각하지 못했던 전기공사, 데크 설치, 어닝 등 수많은 우여곡절로 새롭게 만들어진 창원명지여고의 책숲봄 도서관은 2020년 2월 말 완성되었다. 하지만 예상치 못한 코로나19의 확산으로 문을 걸어 잠그게 되었다. 5월부

새 도서관에 이름을 붙여 주세요!

- 중정의 푸르름을 품은 캠핑장 같은 학교도서관
- 독서공간, 휴식공간, 토론공간, 공연공간 등을 보유한 복합독서문화공간으로서의 학교도서관
- 각 공간의 고유한 특성과 더불어 공간과 공간을 연결하며 또 다른 공간을 연출할 수 있는 '따로 또 같이'의 공간 콘셉트를 가진 학교도서관
- 해먹, 빈백, 책다락방 등 카페와 같은 아늑한 분위기의 학교도서관
- 북카페, 미디어 제작실, 토론실 등 자유롭게 소통할 수 있는 학교도서관

리모델링이 끝난 창원명지여고 도서관. 휠체어가 이동할 수 있는 넓은 서가 공간을 확보했다.

책숲봄 도서관은 1인 미디어 제작공간, 북갤러리 공간, 토론공간 등 다양한 공간으로 구성했다. 2층 책다락방 공간은 만화 카페에 온 듯한 기분이 들게 해 인기가 많다.

중정 테크에서 본 리모델링이 끝난 책숲봄 도서관.

터 3학년 등교를 시작해 7월부터 전학년 등교가 되면서 다시 학교가 학생들로 가득 찼다. 책숲봄 도서관은 학년별 요일제로 운영하며, 이용 인원도 제한하고 있다.

  2020년 8월 11일, 1학기를 마무리하며 책숲봄 도서관에서 작은 가게와 작은 음악회를 개최하였다. 책숲봄 도서관 안에서의 아이들의 모습은 즐겁고 행복해 보였다. 학교 구석구석을 발로 뛴 아이들의 정성이 가득 담긴 책숲봄 도서관에서 아이들이 자유롭게 삶을 즐기고, 미래를 꿈꿀 수 있기를 간절히 기대한다.

부록

예산 없이 공간을 바꾸는 마법
– 서울 홍제초 사서 김선영

자꾸자꾸 오고 싶은 도서관 만들기
– 김해 우암초 사서 김차영

도서관 분위기를 바꾸는 5분 사인물
– 서울 당곡고 사서교사 권경진

예산 없이 공간을 바꾸는 마법

서울 홍제초 사서 **김선영**

파워포인트로 만드는 사인물

도서관은 책이 중심이 되는 공간이지만 어떻게 꾸미느냐에 따라 도서관의 전체적인 분위기가 결정된다. 하지만 도서관을 새롭게 꾸미고 싶어도 막상 실행에 옮기려고 하면 어디서부터 어떻게 해야 할지 막막해진다. 오래된 분류판과 책자리표만 바꿔도 산뜻한 새 학기를 맞이할 수 있지만, 예산이 빠듯한 도서관은 그마저도 쉽지 않다.

> **무료 이미지, 폰트 사이트**
>
> 폰트, 이미지 저작권 때문에 골치 아픈 요즘 무료로 사용할 수 있는 알짜배기 사이트를 소개한다. 게시판 출력물로 이용하는 데는 제약이 없지만 사용 범위는 각 사이트를 살펴보길 바란다. 그리고 몇몇 사이트는 국내에 한정되는 곳이 아니기 때문에 무료 이미지를 검색할 때는 'book, hand, snack, phone' 등 영문으로 검색하는 편이 효과적이다.
>
> 무료 사이트 : flaticon, freepik, thenounproject, unsplash, dribbble, 친절한 혜강씨, 핀트레스트, 아시아폰트, 네이버 폰트 등

파워포인트로 제작한 사인물. 도서관 이용 예절 안내문과 행사용 이름표뿐만 아니라 '세계 책의 날' 기념 책갈피도 무료 이미지를 응용해 만들었다.

『학교도서관저널』에 연재된 이혜강 「파워포인트로 도서관 디자인」을 보면 초보자들도 쉽게 따라할 수 있다. 디자인 전공자가 아니어도 할 수 있는 딱 필요한 만큼의 기본기만 있으면 도서관 사인물을 직접 만들어 분위기를 바꿀 수 있다.

파워포인트 프로그램이 있다면 프로그램을 연 다음 슬라이드 크기를 A4로 조정한다. (디자인 〉 슬라이드 크기 〉 사용자 지정 〉 A4용지) 그런 다음 도형삽입, 도형 채우기, 도형 윤곽선, 텍스트 삽입, 그림 삽입, 정렬 기능 등을 이용하여 사인물을 제작할 수 있다.

서가 사인물, 책자리표 만들기와 게시판 꾸미기

서가 분류표는 도서관 이용자들에게 가장 중요하면서 도서관 이용에 도움을 주는 사인물이다. 서가마다 붙어 있는 분류표만 바꾸어도 도서관 분위기가 확 달라진다. 각 서가의 분류표뿐만 아니라 십진분류표와 청구기호 보는 법 등도 파워포인트로 재미있게 꾸밀 수 있다. 우드락이나 코팅지 등 학교에 있는 물품을 활용할 수 있으며, 디자인은 도서관 용품 사이트(포스비브테크, 씨엔씨 등)에서 참고할 수 있다.

파워포인트로 만든 한국십진분류표와 청구기호 보는 법. 십진분류표와 청구기호 보는 법은 다양한 색을 이용해 분야를 구분하면 찾기 쉽다.

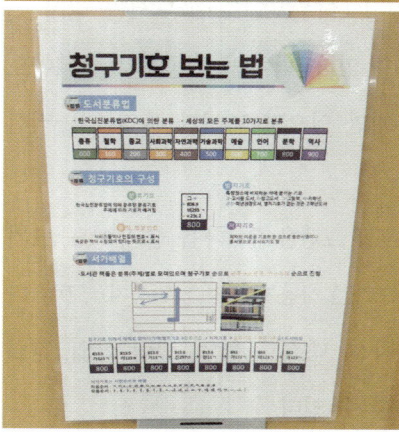

하루에 4~5학급이 사용하는 책자리표는 1년 사용하면 그림 부분이 벗겨지고 엉망이 된다. 새 학년이 되면 새 걸로 교체하고 싶지만 예산 여유도 없고 플라스틱 부분은 멀쩡해 버리기도 아깝다. 그럴 때 도서관 특색이 담긴 책자리표를 만들어 보자.

초등학교 도서관의 경우 책자리표보다 큰 책들이 많아 책자리표가 잘 보이지 않는 경우가 많은데, B4 사이즈로 크게 출력해(플로터 사용) 만들면 잃어버리는 일이 줄어든다. 기존 책자리표 틀보다 크기 때문에

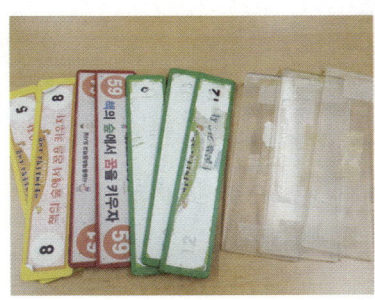 

파워포인트로 만든 책자리표. 책자리표는 자주 훼손되므로 직접 만든 책자리표를 자주 갈아주면 좋다. 아이들과 직접 책자리표 만들기 활동도 할 수 있다.

전문사이트에서 신청한 POP 문구. 코팅 후 우드락을 붙여 입체감을 주거나 서가에 부착해 포인트 글씨로 활용한다.

EVA폼(두께 5T 정도)을 잘라 사용한다. 세계 책의 날, 저작권의 날 등에 직접 책자리표 만들기 활동을 하며 저작권의 의미를 되새겨 보는 것도 좋다.

새 학기가 시작되면 시간표, 게시판 꾸미기에 어려움을 겪고 있는 학급이 많다. 그때 유용한 것이 니즈폼 사이트(https://www.nizform.com)이다. 서울 홍제초의 경우 기관회원으로 가입해 이용하고 있다. 학습자료실뿐만 아니라 교무실, 도서실, 보건실, 각 학급에서 필요한 다양한 클립아트를 제공하고 필요한 글씨를 POP로 신청할 수 있어 자주 이용하고 있다.

책을 더 쉽게 찾기

——— 청구기호 보는 법을 배운 독서명예교사, 도서부조차도 막상 서가에서 책을 찾으려고 하면 어려워한다. 보통 서가 프레임에 청구기호 시작번호나 분류기호를 메모해 두는데 이보다 더 효과적인 방법이 있다. 서가 프레임에 조그맣게 붙어 있던 청구기호 부착물을 서가 벽

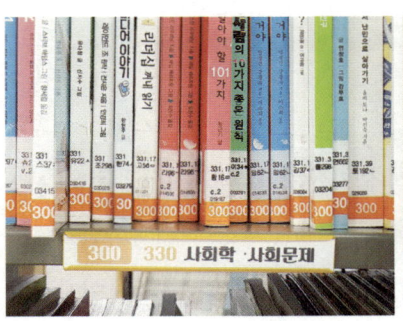

다양한 분류표. 서가 프레임에 소분류 홀더를 붙이거나 벽면에 청구기호 시작 번호를 붙여 책을 쉽게 찾을 수 있도록 했다. 또한 인기도서는 책 표지를 이용해 책자리표를 만들어 붙였다.

▪ A4로 만든 삼각 안내판. 귀여운 캐릭터를 직접 그려서 재미있는 삼각 안내판을 만들 수 있다.

면에 크게 붙이는 것이다. 그러면 서가에 진입하면 바로 보이기 때문에 찾기가 수월하다. 공간이 여유 있다면 버리는 사전 박스나 백과사전에 눈에 띄는 색상지를 붙인 다음 책등에 분류기호를 표시해 책 사이에 끼워 놓으면 장식 효과도 덤으로 얻을 수 있다.

책자리표를 응용해 만든 인기도서 책자리표는 아이들이 자주 찾는 서가에 꽂아 두면 유용한데, 고정형이 아니기 때문에 장서 이동시 함께 움직일 수 있어 한번 만들어 놓으면 실용적으로 사용할 수 있다.

A4용지 한 장으로 삼각 안내판을 만들 수도 있다. 주변에서 구할 수 있는 재료를 이용해 그림을 그린 다음 도서관 낮은 서가 안내 표지판이나 자기소개 이름표 등으로 활용할 수 있다.

캐릭터나 소품으로 꾸미는 안내문과 작품 전시

손글씨를 이용해 홍보물을 제작할 수도 있다. 허전하다 싶은 공간에 인기 캐릭터나 귀여운 소품을 장식하면 아이들의 시선 끌기에 그만이다. 아이들이 좋아하는 캐릭터들은 계속 변하기 때문에 유행하는 캐릭터를 알고 있으면 유용하다. 캐릭터 종이접기를 해서 꾸며도 되고, 그리는 것이 서툴다면 도안을 출력해 대고 따라 그리면 수월하다. 유리용 마카펜이 있으면 도서관 입구 유리문이나 창에 간단한 도서관 안내문이나 도서관 이용시간을 적어 종이 부착물을 대신해 사용할 수 있다.

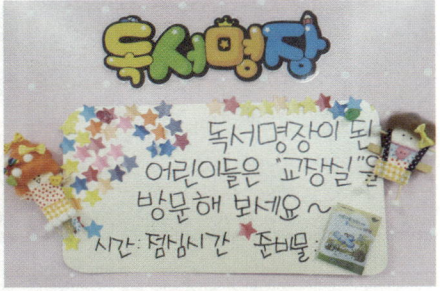

다양한 홍보물. 양말 인형을 이용해 진로 도서를 홍보하고 캐릭터를 이용해 신간도서를 알리고 있다. 또한 종이접기나 걱정 인형을 함께 두어 안내문을 꾸민 모습이다.

도서관에서 진행한 다양한 활동과 작품을 전시한 모습. 한글날을 맞아 우리말 티셔츠 만들기, 크리스마스에는 엽서 쓰기를 진행했다. 버리는 그림책으로 팝업북을 만들거나 좋아하는 책, 미래 직업을 담은 북아트도 만들어 보았다. 독서다짐 풍선을 도서관 입구에 붙여 두었고, 종이컵 시화전을 열어 서가 위에 전시했다.

도서관에서 하는 독서행사 결과물을 모아 전시만 해도 생동감 넘치는 도서관으로 만들 수 있다. 언제든 편안하게 드나드는 친근하고 즐거운 도서관, 함께 꾸미는 도서관으로 만들어 가는 것이다. 독서행사 결과물을 도서관에 전시하면 참여한 학생에게는 성취감을, 참여 못한 학생에게는 독서행사를 홍보하고 책과 가깝게 하는 계기를 만들어 줄 수 있다.

책을 보는 공간이 딱딱하고 정적인 공간으로 느껴지지 않게 하기 위해 책을 이용해 도서관 분위기를 바꿔 보기도 한다. 마음이 우울하고 기분 전환을 하고 싶을 때는 녹색 책을, 사랑스런 느낌이 나도록 하기 위해서는 분홍색 책을, 더운 여름 도서관을 시원하게 하고 싶을 때는 파란색 책을 전시해 두기도 한다.

도서관을 도서관답게 만드는 것은 책과 사서일 것이다. 아이들이 도서관에 와서 자유롭게 책과 사람을 만나고 편안한 분위기에서 책을 읽을 수 있는 공간으로 만드는 것, 도서관을 어떻게 꾸밀 것인가 고민하기 전에 먼저 생각해 보아야 할 과제다. 예쁜 도서관, 시설 좋은 도서관보다도 도서관을 다시 오게 만드는 것은 좋은 책과 따뜻한 사서교사가 있는 도서관이어야 가능하다. 사서교사가 행복하게 근무할 수 있는 공간이 아이들도 편하게 이용할 수 있는 공간이라는 것을 잊지 않기를 당부하고 싶다.

자꾸자꾸 오고 싶은 도서관 만들기

김해 우암초 사서 **김차영**

편리하고 아기자기한 환경 꾸미기

2020년 7년 동안 근무한 학교에서 김해 우암초등학교 도서관으로 옮기게 되었다. 설렘을 안고 출근한 3월, 예상치 못한 코로나 사태로 조용하고 차분하게 새로운 도서관에서 일을 시작했다. 이전 사서 선생님이 도서관 관리를 잘해 와서 크게 손 볼 것은 없었지만 아이들이 없는 때를 기회로 삼아 이용자들이 편리하고, 친근하게 느껴지는 도서관을 만들고 싶어서 도서관 환경을 꾸미기 시작했다.

출입문 깔끔하게 바꾸기

기존 도서관 유리문이 불투명으로 되어 있어 갑갑한 느낌이 들었고, 오래돼서 위험한 부분도 있어서 업체를 통해 도서관 문을 수리했다. 반투명 유리문과 손잡이, 손 끼임 방지 커버를 교체했더니 깔끔해진 도서관 출입문으로 내부가 보이면서 도서관에 오고 싶은 느낌이 물씬 들었다. 문 앞에는 이용자들이 도서관을 이용하는 데 불편함이 없도록 개방시간을 붙였다.

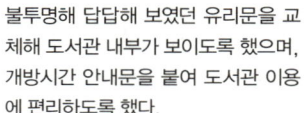
불투명해 답답해 보였던 유리문을 교체해 도서관 내부가 보이도록 했으며, 개방시간 안내문을 붙여 도서관 이용에 편리하도록 했다.

복도·내부 게시판 꾸미기

도서관 복도 게시판을 새롭게 리모델링하고 싶었지만 예산이 많이 들 것 같아서 셀프 리모델링에 도전했다. 일단 최저 예산으로 도서관 게시판 꾸미는 시안을 짜 보았다.

- 우드락 보드판(콜크 우드락 접착 5T)을 여러 개 구입하여 게시판 크기에 맞게 붙인다. 접착 우드락은 쉽게 붙일 수 있다는 장점이 있다.
- 기존 게시판 위에 접착 우드락을 바로 붙여서 사용할 수도 있다.
- 우드락을 오래 고정하려면 나사못을 여러 개 박는다.
- 게시판을 좀 더 꾸미고 싶다면 색연필 울타리 펠트 4개, 폼 하트

판 문창 6개을 구입해 붙인다.
- 게시판 타이틀은 실리콘으로 고정시킨다.

게시판마다 '공지사항', '화제의 책', '이달의 행사', '도서관 안내', '우암다독', '추천 권장도서'로 다른 이름을 붙였다. 또 다른 게시판은 아이들이 도서관에서 활동하는 모습을 담은 활동사진과 아이들 사진으로 꾸밀 예정이다.

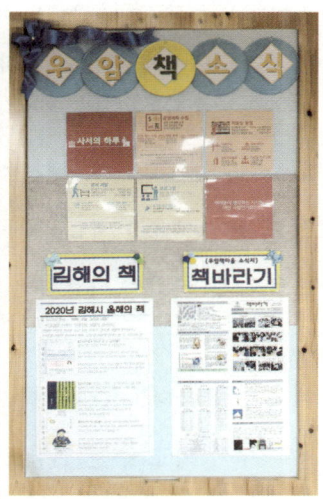

우드락을 이용한 게시판. 우드락을 이용해 게시판을 만들어 도서관 소식을 안내했다. 펠트와 종이 접시 등을 쉽게 구할 수 있는 재료를 이용했다.

게시판 타이틀은 종이 접시를 뒤집어 한 글자씩 제목을 붙였다. 내부 게시판은 분기별로 게시물을 바꿀 예정이라 김해의 책 소개와 연 2회 발행되는 소식지를 붙여 주었다. 또 펠트나무를 붙여 계절별로 잎을 바꾸며 아이들이 읽었던 책을 소개하는 글을 붙일 계획이다.

학교도서관 포토존 만들기

도서관에 거울을 설치한 다음 거울 테두리에 꽃을 붙이고 포토존을 만들었다. 도서관은 책만 읽는 공간이 아닌 놀이 공간, 휴식 공간, 추억을 만드는 공간, 학습 공간 등 다양한 공간으로 활용되기에 딱딱한 분위기보다는 아기자기하면서 화사한 분위기를 연출했다. 포토존을 구성하기 위해 참고한 곳은 '참쌤스쿨 – 에듀박스 블로그(blog.naver.com/edu_box)'이다. '참쌤스쿨 – 에듀박스'에는 초등학교 선생님들이 직접 만들어 무료로 자료를 제공하고 있어서 도서관에 알맞는 자료가 많으므로 잘 골라서 사용하면 된다.

책 쉽게 찾고 쉽게 정리하기

학교 추천 권장도서 서가 이름표는 원래 아크릴 푯말에 표시되어 있었지만, 학년을 구분하는 표시가 눈에 띄지 않았다. 그래서 유치원에서 사용할 법한 예쁜 이미지를 찾아 학년별로 구분했다. 이미지는 핀트레스트 어플에 '이름표'라고 검색하면 다양한 이미지가 많이 나오는데, 무료로 사용이 가능한 이미지를 캡처하거나 저장해서 한글문서나 포토스케이프를 이용하여 만들 수 있다.

이름표와 라벨 제작 모습. 학년별 추천도서와 권장도서 이름표를 따로 만들어 붙였으며 색깔 스티커로 추천도서를 표시했다. 교과연계 도서에는 띠 라벨을 붙였으며 청구기호도 더욱 찾기 쉽게 눈에 띄는 색을 이용했다.

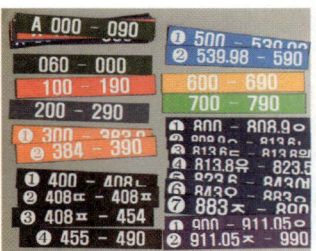

자꾸자꾸 오고 싶은
도서관 만들기

학교에서 정한 추천도서에는 학년별 구별을 위해 학년을 표기한 빨간색 스티커를 책에 붙였다. 김해 우암초의 권장도서는 교과 연계 도서를 의미하는데, 띠 라벨을 구입하여 책에 붙여서 교과 표시를 했다. 띠 라벨은 포스비브테크 사이트 검색창에서 '교과'라고 검색하면 다양하게 살펴볼 수 있다.

초등학교 도서관은 낮은 서가와 벽에 붙은 서가가 많기에, 서가 옆면에 분류 표지판을 따로 붙이기가 애매하다. 그래서 별도로 청구기호 띠 라벨을 제작하여 서가마다 붙였다. 이용자들이 책을 용이하게 찾고, 정리하기 쉽도록 하기 위해서였다. 교사·학부모 도서 띠 라벨에는 '별치기호 A'를 붙여 구분했고, '800 문학'에 해당하는 서가와 같이 특정 번호대에 많이 꽂혀 있는 책들은 청구기호 표지판 번호를 앞쪽에 넣어서 쉽게 찾을 수 있도록 했다.

약간의 수고만으로도 도서관 분위기를 산뜻하게 바꿀 수 있으며 이용자들도 더욱 편리하게 이용할 수 있기에 뿌듯한 마음이 들었다. 한번 도서관에 온 아이들이 '자꾸자꾸 오고 싶다'는 생각이 든다면 그것으로 성공한 것이리라.

도서관 분위기를 바꾸는 5분 사인물

서울 당곡고 사서교사 **권경진**

5분 만에 예쁜 사인물 만들기

도서관 리모델링을 완료한 곳도, 리모델링을 하지 못한 곳도 마지막은 도서관에 어울리는 사인물 제작이다. 이전까지는 주로 파워포인트를 활용해서 사인물을 만들었다. 그런데 저작권 문제가 없는 이미지들을 고르는 것도 힘들고, 글씨체, 색깔도 일일이 직접 정해야 하는 탓에 시간이 상당히 많이 걸리곤 했다.

그러다 웹 디자인 플랫폼(https://www.miricanvas.com/)을 알게 되었다. 도서관에서 쓸 수 있는 형식이 많기 때문에 예쁘고 다양한 템플릿

디자인 플랫폼을 이용해서 만든 과제도서 안내문과 이용 안내문.

도서 반납대 및 검색대 안내와 상황 안내문을 제작해 부착하면 통일성을 주면서 깔끔한 느낌이 든다. 독서 프로그램과 각종 행사 포스터도 쉽게 만들 수 있다.

만에 각각 도서관에 맞게 내용만 수정하면 되는 편리한 사이트였다. 포스터 하나 만드는 데 5분이 채 걸리지 않았다. 아주 간단한 방법으로 도서관의 분위기를 더 밝게 만들어 주었다.

회원가입을 해야 하는 번거로움이 있지만 로그인 한 후 '바로 시작하기'를 클릭하면 템플릿 편집 창으로 넘어간다. 편집창 왼쪽 상단에 있는 템플릿 사이즈를 클릭하면 프레젠테이션, 포스터, 카드뉴스, 배너 등 다양한 템플릿을 선택할 수 있다. 원하는 사이즈가 없는 경우 템플릿 사이즈를 직접 입력할 수도 있다.

편집하려는 템플릿의 형태(사이즈)를 클릭한 후 다양한 샘플 중에서 마음에 드는 걸로 선택한다. 프레젠테이션 템플릿은 표지, 목차, 내용별로 템플릿을 모두 활용할 수 있다.

이미지나 글씨체는 저작권 걱정 없이 무료로 사용할 수 있는 것들이고, 기본으로 제공해주는 틀도 정말 예쁘기 때문에 문구만 수정하면 바로 사용할 수 있다.

내 컴퓨터에 저장되어 있는 이미지를 불러올 수도 있다. 이미지에 필터효과를 줄 수 있고 투명도 조절이 가능하다. 또한 작업 중 저장기능이 있으며 '다운로드'를 클릭하면 JPG나 PDF 파일로 저장할 수 있다. 마이스페이스에 가면 작업했던 내용들을 다시 불러와 수정할 수도 있다.

이렇게 만든 사인물은 도서관 분위기를 바꾸는 데 큰 역할을 한다. 상황에 따라 교체도 쉬우며, 도서관 행사나 프로그램 포스터도 만들 수 있으므로 도전해 보시기를 권한다.

도서관 분위기를 바꾼 기자재 BEST 3

낮은 서가 사인물(큐브형 안내표시판)

귀엽고 컬러풀한 디자인으로 도서관의 분위기를 살려준다. 4면 모두 안내 표시가 되어 있어 도서관 어디서든 사인물을 확인할 수 있다.

스툴 의자

도서관 내부 수업공간이 0.7칸으로 협소하여 원형 테이블과 등받이 없는 의자를 구입했다. 등받이는 없지만 쿠션이 크고 오래 앉아 있어도 전혀 불편하지 않다. 빨간 뚜껑을 열면 가방을 보관할 수도 있다.

디지털 대출반납일력표

날짜를 바꿔 끼지 않아도 자동으로 대출일과 반납일이 표시된다. 대출반납일력 프로그램이 깔려 있으며, 프로그램 설정을 통해 행사 포스터 이미지도 게시할 수 있다.

당곡고등학교 도서관 구경하기
https://youtu.be/5KgZEAsxWpI